亀井勝一郎

「私」をどう生きるか

「私」をどう生きるか

◉

目次

第一章　人間はいかにして人間と成るか……13

第四章　快楽と求道をめぐって……103

装幀——隈阪暢伴

「私」をどう生きるか

第一章　人間はいかにして人間と成るか

必ず心に喚起すべき言葉
――自己の非力と空しさを考えるとき

つねにまっすぐ延びていくとはかぎらない。大切なのは内的必然である。

自分が体験したと思っているところのものを、さらに省察し、思索を加え、その意味を自覚し深めてこそ、体験ははじめて体験となる。

自我に目覚める日

考えるということについて

人間はいかにして生まれ変ることができるか、換言すれば、人間が人間になるための条件を考えてみたいと思う。私はまず、青春という時期に即して、順序だてて述べるが、むろん論理的順序ではない。「精神」とよばれるもの、「自己」とよばれるものが目覚めてくるときの一般的諸徴候に、ある秩序を与えんとするのである。

第一に考えるということについて。
これを冒頭においたのは、パスカルの見解に従ったわけで、『瞑想録』一四六に、「人間は明らかに考えるために造られている。それは彼の全品位であり全価値である。ゆえに、人間の全義務は正当に考えることである。ところで、思考の順序は自己から始め、それから自己の創造主と自己の目的とは向こうにある」とある。ここで言う「考える」を、冷い理性という風に誤解しないように。「考える」ことは、「愛する」ことと同義語なのである。

ところで何を考えるのか。言うまでもなく、自己と人生と実社会。それに向かって、まず疑問を発する。自己とは何か、恋愛とは何か、神とは、死とは、社会とは、その他無数の疑問が次々と生じる筈であるが、考えるとは、つまりこうした疑問を自己に課すということなのである。自己は、かかる疑問によって妊娠せしめられ、かくて自己を生む。むろん我々は様々の回答にかこまれているわけで、まるで回答の中へ生まれてきたといった具合で、習慣的に、当然のごとく思いこんでいるものも少なくありますまい。しかしその一切を、一切の権威をも、ひとたびは疑ってみること。この場合、疑うとは変革し破壊する力である。頭脳とは考える手であって、これを以て自然を変革して行く。生まれるためには破壊しなければならない。この意味での懐疑が考える行為の中枢をなすのであり、精神の形成はここに開始さるるわけである。

　しかし、さきに挙げたような疑問はすべて難問である。どれ一つとっても、即刻解決できそうなものはない、悉く(ことごと)が永遠の課題である。もし答えようとすれば、自分が生きてみて、自らを実験台とし、ついには死によって証明する以外にない。回答が死でなければならぬような問題こそ問題なのである。青春が、人の一生にとって最も重大な時期と言わるる所以(ゆえん)も、実にここにある。つまり一人間として生涯を蔽(おお)うに足る問題を、青春ははじめて自己の肩に担うということ、その問題は、同時に永続性、永遠性をもつという意味で重大なのである。

　パスカルが、「人間は考えるために造られている」と言ったとき、間髪を入れず、おそらくこの永遠性を念頭においていたに相違ない。人間という、あわれにも短い生命が、永遠という無限時間につき当るのは、たしかに「考えること」においてである。

この意味で「考える」とは、すでに、人間の限界を超える野望だと言っていいかも知れない。そしてこの限界超克のすがたが、実は人間であることの最大特徴だとも言えないだろうか。動物は、決して己れを超えようとはしない。

ところが、このとき同時に人間の弱さがあらわれる。疑問の永遠性、永続性に耐えることはつらい。できるだけ早く、簡単な解決をのぞむか、ないしは考えることを放棄する、いや別のことを考えるのである。パスカルはさきの言葉のつづきとして、「舞踊すること、リュートを弾くこと、歌うこと、輪遊びすること、戦争すること」等をあげているが、こういうことに考えを向き換えて、人間の何であるかを考えようとはしなくなる。その条件はそろっている。たとえば今日のスポーツは、精神にとって危険な存在と化した。私はスポーツを否定はしないが、そのために新聞や雑誌の特別版が必要だということになると、これは知性のために危険だと言いたいのである。一種の阿片的役割を果しかねない。

青春は元来性急なものである。性急に結論を欲し、ないしは問題を切断する。この性急さは、青春の美徳ともなれば、悪徳ともなるものである。

どんな場合に、それは美徳となるか、性急さが絶望に変るときである。解きがたい難問を担って、しかも容易に解決が得られぬとき、しかも考えることを放棄しなかったとき、絶望する。性急と絶望は、青春の特徴であるが、同時にこれが精神の生成を示す注目すべき徴候なのである。

絶望とは、何に絶望することであるか。言うまでもなく自己自身に対してである。解決しがたい問題の、解決しがたい所以(ゆえん)が、骨身に徹してわかり、自己の非力と空しさが痛感されたとき、人は絶望する。それは、懐疑と双生児なのである。ところで、この種の絶望こそ、精神が形成されつつあることの最大なる証明と言ってよく、人間の特質がここにこそあらわれるのである。動物は決して絶望しない。絶望した猿や馬などを想像しえようか。子供も絶望しない。人間に成りかかっている人間だけが絶望するわけである。つまり自己に絶望し、自己を否定しながら、第二の自己を形成して行く。絶望とは、「生まれ変る」ための陣痛に他ならない。

もっとも、世の中には絶望のポーズというものがある。「絶望」が流行さえしているが、その実体をみると、無気力の弁解にすぎないようなのが多い。永遠性、永続性の放棄、つまりほんとうには絶望していないのである。あの性急さは、ここでは悪徳に変る。絶望しない青春は、どこかにごま化しがあると思わねばならず、一般的に言っても、これは人間判断の場合の一規準となるであろう。大学の入学や入社試験のとき、私がもし試験官であったなら、口頭試問で、必ず次のように尋ねたい。

「あなたは絶望したことはあるか。いついかなるとき、あなたは絶望したか?」

絶望したことのない人間は言うまでもなく落第である。

性急さが悪徳となるもう一つの場合をみよう。それは、早く解決を得たと思いこんで、そこに安心し、自己を限定するか、或いは限定して貰う態度である。人間は誰しも安心がほしく、救いをのぞむ。しかし手軽に得らるるものでないことは、問題が大きければ大きいほど当然で、その大きさ深さを回避したとき、即ち早急に自己を限定したとき、人は独善におちいるということである。

ある種の宗派性、当派根性、官僚性、公式主義といったものは、すべて人間のこの弱さにむすびついているもので、弱い精神、考えることの中絶、その空白に向かって他者からの限定が到来しやすい。そして人間は、この限定において一種の強さを示すものなのである。すべての全体主義あるいは独裁主義は、必ず青春の性急さに向かって働きかけ、そして必ずスポーツを奨励する。

迷いということについて

第二に、迷いということについて。

人生の難問はむろん、一身上の些事すら、これに思考を加うるやいなや、たちまちどう決断していいかわからぬ混沌たるものとしてあらわれてくる。人生とは元来、どう決断していいかわからぬようにできあがっているらしい。そして一つの決断は一つの受難となる。

ゲーテの『ファウスト』の冒頭に、「人間は努めているかぎり迷うにきまったものだ」という天上の言葉がある。子供には迷いはなく、考えることを止してしまった大人という子供にも迷いはない。ゲーテのこの言葉は、持続的な探求力にとっては、成就とか完成とかはないということで、いわば永遠の推敲に対する祝福であり、人生に処する勇気なのである。

もっとも迷いから脱却するために、我々は導いてくれる人や本を求める。しかしどういう現象がそこに起るか。思想的に文学的に最高の指導者、最良の書といわれるものに接して、我々は果して「安心」を得らるるか。迷うものはみな「安心」や「解決」を欲するのであるが、最高の師や書は決して、「安心」や「解決」を与えないという事実こそ重要である。

世には様々の悩みを訴えると、即座に判断して、かくかくすべしと教えてくれる人がある。宗教家とか身上相談とか専門家、そういった種類の人間がいるが、私には信用できない。一人間が、一人間の運命に対して何事ができるか、たとい些事であっても、それは恐怖である。そして完全に無力なる自己を知るのみ。

私自身にとって、最高の師、最良の書とは、私の迷いを直ちに解いてくれるものではなく、逆に私の迷いを突き放して、一層ふかい迷いの中に追放するような性質のものであった。しかも感動すべきは、そのときその師もその著者も、私もろとも、やはり迷いの底へ身をおとしてくれるということだった。つまり私の身に即して、彼らもまた迷い悩む。こうして、人生の深さ、人間の不安なる状態を教えてくれるのである。最大の宗教家の著作から、私はしばしばこういう叫びを聞いてきた。「私はあなたを慰めることはできない」と。しかしこの素直な声が、どれほど私の慰めになったか。

人間は迷いつつあるとき、必ず空想的になっている。本をよんでも、その中に、そのときの自分の空想したものだけを見る、つまり手っとり早い「安心」と解決を自らつくりあげてしまう。「安心」と「解決」が与えられたと言うが、実は与えられたのでなく、自分で空想しただけのことにすぎない。この空想性の作用なくては、良書の普及もありますまい。良書を、即効薬と誤認する故に普及するのである。誤認しただけで快癒したと錯覚するのである。

自己の迷いに対して、何びとが満足な回答を与えらるるか。たとえば職業の選択とか、恋愛問題について、身上相談したとき、与えられた回答を考えれば考えるほど、一層翻弄されているような自己を見出すであろう。人はかかるとき、刹那の慰め、気晴しを求めやすい。刹那でも慰められると、それでもう満足しがちな性質が人間にはある。

職業の選択のごとき、厳密に考えると、これほどあやふやなものはありますまい。何故自分は、今のこの職業を選ぶようになったか、その動機を厳密に追究してゆくと、実に曖昧で、偶然的で、空想的であることがわかる。しばらくその職業をつづけてゆくうちに、つい天成そのものであったと思いこみ、自分をここに限定して生涯を終るようになる。職業とはこの意味で、ひとつの諦念であるかもしれない。

島崎藤村の『春』という作品に、若年の主人公、つまり藤村自身が、職業の選択に迷ったあげく、崖の上から谷底の流れに向かって路傍の石をころがし落すところがある。この頃彼には、三つの方向があった。貿易商人になるか、英語教師になるか、文学者になるか、この三つである。そこでもし石ころが、谷底の流れに落ちたならば、自分は文芸の道へ行こう。もし途中で止まったならば、他の職業に就こうと占ってみたわけである。ところが石ころは、三つに割れて、一つは途中に止まり、一つは流れに落ち、一つは河向こうへ飛んだので、どうしていいかますますわからなくなったとかいている。

何でもないことだろうが、ふしぎに私の印象に残っているのである。一生の職業の決定に当っては、誰でも心の中でこれに似た経験をもつのではないかと。

ヴァレリイの断想の中に、こんな一節があった。ある男は、重要な行動のすべてを、占いによって決定していた。別の男は、すべて自己の理性に基いて厳密に判断していた。ところがその結果においては大差なかったというのである。

かくあれかしという一念の発生について

第三に、かくあれかしという一念の発生について。

考える、迷う。今まで述べたかぎりでは、それはまだ混沌の状態である。しかし混沌の状態に入るということ自体が、すでに重大なことで、この渦巻によって、はじめて人間固有の生命の名にあたいするものが形成されてくる。混沌の自覚は、人間生成の第一条件である。これを渦巻く星雲にたとえてみよう。考えること、迷うことは、人間をして星雲たらしめる。換言すれば、それは可能性なのである。何に成るかわからぬが、何ものかに成る「未来」をそれは暗示し始める。ところで、この渦巻く星雲はそれ自身のエネルギー（懐疑と絶望）によって、その中心核を次第に形成して行く。即ち「希望」。自己に向かって、かくあれかしと願う一念が次第に結晶してくるのである。絶望になる自己否定を絶えず伴いながら。一念は次第に凝結しつつ分解しつつ、強くなってくる。これが星雲の中心核となって、やがて人間を一個の星たらしむるのである。

人間の生命とは何か。私は端的にそれは一念であると答えたい。即ち人間の一念が、人間の生命だと言いたいのだ。生物学的な生命も、むろん考えられるが、人間的な生命の特質は、何ものかであろうとするその一念に存するに相違ない。世の中には、希望を失ったという人がある、希望に対し、懐疑的となり、進んで否定する人もある、希望はしばしば我々を欺く。一念また必ずしも強固とは言えない。しかし既述のごとくこうした否定力も精神の作用で、私はそこにも一念を見るのである。星は他面において巨大な消耗力である。一念は強烈な肯定と否定によって生ずるエネルギーなのである。未成人間は、肯定もしない。

祈りという言葉をここに提出しよう。私はいま厳密に宗教的な意味で言うのではないが、一念とは祈りなのである。人間的に、自己自身への祈りといってもよい。星雲として現存する自己の中の、星たるべき未来像、いわば可能性に対する祈りなのである。

考え、迷い、しかもどうかして生きたい、どうかしてかくありたしと思いつめたときの、「どうかして」という気持を私は一念とよび、祈りと言いたいのである。だから、祈りとは自己の運命をきりひらく原動力である。一念によって、道なきところに道を求めて行く。特定の宗教を信じた人間だけが、祈るのではない。恋した人間も、端的本能的にこれを知る。死に面したときも、そうであろう。学者も農夫も事業家も、それぞれの祈りはもつ。それぞれの度合と含みをもって。万人に与えられた事実である。そして自己への祈りが、自己によって裏切られるという事実もつけ加えておきたく、その次にくる祈りもあるということを。

邂逅について

第四に、邂逅について。

人間は社会のただ中に存在している。いかなる個人も社会的存在であり、考え、迷い、一念を形成するのも、すべての関係の内においてであることは言うまでもない。

しかし社会とは何か。様々の生産関係によって結合されている集団。各々の職場と街頭と家庭との総称。あるいは国家を、特定の職業人の領域を、または日常生活の仕組を、我々は漫然と社会と呼んでいるにすぎない。

ところで、学問的にいかに精密であっても、外面規定だけでは、社会という言葉が心にひびいてこない。むしろ冷たくひびいている。我々は広い社会に住んでいると称するが、実際具体的に自己の接触する範囲を考えると、実に狭い。新聞、雑誌、書物等で概念的に知っていることを全部すてごらんなさい。残るものは寥々（りょうりょう）、わが身にじかにふれてくる社会とは、はなはだ小さなものにすぎない。

私の強調したいことは、この小さい狭い範囲を直視せよということである。そこで何が自分たちに生き甲斐を感じさせているか、人間と人間との具体的結びつきの在り様を考えてほしいことである。我々は職場で街頭で、多くの人と政治的に経済的にむすびつくが、この結合は、人間として基本的なものであるかどうか。単なる生活権のためにはそれでよいとしても、考え、迷い、一念を生じつつある人間にとっては、これだけならば寂寥に堪えぬ筈である。精神の感ずる寂寥は、生産関係における結合によっても、雑踏によっても慰められるものではない。その人は心の友を求める。

人生には様々のふしぎがあるが、私は考え、迷い、一念形成の途上における邂逅を最も重視するのである。いついかなるとき、いかなる偶然によって、誰と出会ったか。そこでどんな影響をうけ、どんな友情が、あるいは恋愛が成立したか。そういう経験をもつ人は、ふりかえって運命のふしぎに驚くであろう。それによって一生が決定する場合も少なくない。邂逅こそ人生の重大事である。

人間と人間との、基本的で最も具体的な結合とは、かかる邂逅によって結ばれた友情（恋愛も含めて）なのである。社会の根底をなすものは友情である。真の社会性とは、友情性のことで、人は邂逅することによって愛することを知る故にそれは愛の表現と言ってもよく、私は人間関係の基本をここにみるのである。

友情という内容に、私は能うかぎりの広さを与えたいと思う。普通にいう友人のみならず、恋愛にも家庭生活にも師弟関係にも、読書にも。およそ求道の途中における邂逅あるところ、すべてこの名において呼びたい。

つまり人間的結合の形態の最高位に友情をおくわけである。

たとえば読書とは、一種の邂逅である。書を通して、心と心がふれあったならば、すでに肉体の滅び去った古人、あるいは見知らぬ人とさえ友情が結ばれる。この場合には、むしろ師弟の関係と言ってもいいであろうが、師弟といえども、その中枢に私のいう友情が存せぬときは、決して親しみは湧かないであろう。

良き師、良き書は、第二に述べた意味で必ずかように我々を仕向けるものなのだ。師としての固定性は存せず、いつでも共に道を求むることにおいて友人——道友同朋と言ってもよい——であることを促す意味からも。「古人の跡を求めず、古人の求めたるところを求めよ」という言葉がある。良き師とは、自分の得たかぎりの知識体験を教える人ではなく、自分の求めて求めあぐんでいるところを明らかにして、この道を共に究めようという迷いへの誘惑者である。人間であるかぎり、道を究めつくすということはありえぬ。迷いをより明確に指摘してくれるのである。

良き弟子、良き読者とは導く人のそういう気持を察して、その跡でなく、その人の求めんとしているものを求める人のことで、ここにはじめて友情感が生じ、この暖かさがかえって真の師弟道を成就せしめるのである。冷い指導者、冷い仲間、これは冷い戦争以上に人間を荒廃させるものである。冷い世間という言葉もある。人間は社会的に存在しつつ、社会性を口にしつつ、その社会を冷酷視してやまぬ。悲劇である。同じ年配ごろの友人同志の交わりは、人間生成の上での絶好の刺戟であろう。

我々はある別個の生命に邂逅し、友情を結ぶことによって、はじめて「我」を自覚する。この場合の友情とは一種の闘争でもある。二つの異なった生命は互いに交わり摩擦しあって、「個」の火花を散らす。決して平穏なものではない。一番深い激論は、友人の間に起りやすい。時には憎悪や嫉妬も伴う。いや裏切りさえ起ることがある。求道の途中での、この種の相剋は必然であろうが、これによって、我々はさらにはげしい精神の訓練をうけるわけである。友情は孤独の何たるかを知らせる。

友情には男女老若の区別は存しない。どんなに年をとっても、むしろ年をとるにつれて友情もまた成熟するものであり、友情のあるところに、私は枯れざる青春を見出すのである。恋愛や結婚生活においても、その中枢に私はこれをおきたく思うのである。

ただつけ加えておきたいことは、世の中には口を開けば社会、社会という人間がある。社会的関心をもてとか、社会性をもてとか、説教する人間が多く、そういう人間ほど視野が広いように思われがちなのだが、私は疑う。友情を基本とせぬ社会性など、非人間的だと思うのである。求めて得がたいものかもしれないが、この空虚を糊塗するための抽象性を私は恐れるのである。それは一種の統計、ないしは一種の風俗、あるいは社交術としか思われない。「社会」を口やかましくいう人間が、誰ひとり愛すべき友なく、師なく、愛人がなかったとしたならば、これはいかなる種類の喜劇であろうか。それとも悲劇であろうか。

人間の生存圏内とは、前述のごとく狭いものである。我々は一生の間に、全社会の部分の部分を、わずかに体験してすぐるのみ。これが現実である以上、この狭い中での、最上の結合をまず求むべきではないか。邂逅の喜びを知れるもの、友情の尊さを味わえるもの、そういう人こそ、真の社会性をそなえていると言いうるのではないか。私はかく思うのである。

自分の言葉をもつということについて

第五に、自分の言葉をもつということについて。

考え、迷い、一念を生じ、邂逅する。ところでこの間、我々の絶えず使用しているものは何か。言うまでもなく言葉である。自己表現の猛烈な意欲は、言葉あるいは文字としてあらわしてみて、はじめて具体性を帯びるのである。自発的にものを考えるようになって、人ははじめて自分の言葉を発する。言葉に対して自覚的になるといってもよいであろう。言葉なくして、考え、迷い、一念を生じ、邂逅することもありえないのである。

ところがこのとき間髪を入れず、言葉の不自由、その障碍(しょうがい)につきあたるという事実を見逃すわけにはゆかない。たとえば我々が平生使っている思想や文学上の用語、精神とか知性とか主体性とか実存とか、何んでもいい、その一つ一つをとりあげて、これを厳密に検討してごらんなさい。一つとして曖昧ならざるものはない。各人によって様々の解釈や定義やニュアンスを生じ、これをまた一つ一つ解釈し定義して行かねばならぬといったような、途方もない迷路に入りこんでしまう。

言葉というものは、恐ろしく不完全なものだと覚るのである。実に曖昧である。そういう言葉を様々に組みあわせつつ、辛うじて、自分が言いたいと思っている思想的イメージに近づいてゆく。それは依然として不完全ではあるが、この不完全なことが、我々の考える力をさらに押しすすめる原動力ともなるのである。精神の問題は、幾何学の公理のように割りきれない。しかし幾何学の公理のように、その一つ一つの正確さを目ざすことは大切で、この無限の正確さへの意志が、言葉を開拓して行くとも言えるであろう。言葉を使用するとは、開拓して行くことと同義なのである。そこに精神としての「自己」が存在するわけである。言葉の不自由な性質そのものが、言葉の生命だと言っていいかもしれない。

言葉のかような性質が、逆にわれわれをして、考えさせ、迷わせ、一念を生ぜしめ、邂逅を促すと言ってもいい。言葉に翻弄される自己を見出すであろう。翻弄に翻弄をかさねてその極限に見出すものは何か。我々ははじめて「沈黙」の意義を知るのである。たとえば非常に嬉しいとき、悲しいとき、感動したり、様々に思い惑うとき、どんな現象が起るか。言葉を失っている自己を見出すであろう。心の中であれこれと思いめぐらしてみるが、さて表現となると、どう言っていいかわからぬ。たちまち言葉につまって、沈黙せざるをえなくなる。恋愛がその端的な例である。恋愛する男女は、恋することによって言葉を失うものなのである。

かかる時機を、重視しなければならない。何故なら、言葉を失うことは、心の充実を意味するからである。言うに言われぬ思い、そこに人間の真実がある。しかも敢えて表現しなければならぬ、その苦しさにおいて、我々は言葉の障碍と格闘し開拓し、換言すれば精神は自己を形成しようとしてもがくわけで、言葉の困難の自覚が、そのまま人間生成の陣痛ともなるわけである。

こう考えるなら、自分の言葉をもつということが、いかに至難か明白であろう。我々はついありあわせの言葉を用いる。世間一般が用いたり、その時々の流行語となっている言葉を、無批判に使用する。どんな結果が生ずるか、申すまでもあるまい。精神はここに平均化されることによって死に瀕するのである。

自分の言葉をもつということは、自分が生まれるということである。「はじめに言葉ありき」という一句が聖書にあるが、私はここで一応聖書から離れて、人間生成の一条件として考えてみる。はじめて発した自己固有の言葉はその人の生命のあけぼのであるということを。「生命は力なり。力は声なり。声は言葉なり。新しき言葉はすなわち新しき生涯なり」——これは若き島崎藤村が、その最初の詩集にしるした序文の一節です。自分の言葉をもつこと、即ち自分の生涯の始まりなのである。

そうあるためには、私がさきに述べた「沈黙」を重視し、これに耐えねばならない。この沈黙とは、正確さへの意志と言ってもよい。沈黙は意志の強さの尺度である。多くの沈黙に耐えた人の言葉ほど美しい。言葉の芸術である文学は、根本においてこれを目ざすものなのである。多くの言葉をかさねながら、結局言うに言われぬ思いという沈黙を創造し、ここに恨みを宿すものなのである。

死について

第六に、死について。

死は言うまでもなく生成とは正反対の概念である。しかし人間生成は、必ず死の自覚を伴う。そこに人間たることの特色があると言ってよいであろう。人間として自己を自覚するとは、自己の有限性を自覚することである。人間は、必ず死ぬべきものとして定められている。不可避の運命である。

生命にみちあふれている青年時代には、死のことなど考えないかもしれない。死の忘却の刹那は誰にでもある。しかし死の方では、人間を一刹那でも忘れてはいない。戦争と平和の区別なく、健康であると否とにかかわらず、それは到るところにひそみ絶えず忍び足で人間に迫ってくる。そして人間の生は、ただ一回きりのもの、青年時代も年齢的にはただ一季節にすぎないもの、たちまち凋落がくるということは冷厳な事実なのである。

死とは何か。人は様々の経験を語り得るけれども、死の経験だけは語ることができない。もっとも死に瀕した経験はもちうるであろうが、それは生の一事実で、死そのものを、我々は自分の実感として語ることはできない。しかもいつかは必ずやって来る最終の経験なのである。ここで想像力が極度にはたらくのである。生きている人間の死の研究は、想像力に基礎をおいていることはたしかで、これが恐怖の大きな源泉となる。

死そのものよりも、死についての想像の方が、はるかに我々を恐怖せしむる。古来多くの人によってかく言われているのは当然で、死そのものは案外平穏なものかもしれない。むしろ死に至るまでの時間が、恐ろしいと想像されるのではないだろうか。様々の死に方があるであろうが、肉体的苦痛はまずまぬかれない。苦痛に長短ある以上、もし死ぬなら、短い方がよいと考える。また果そうとして果しえない望みがある。様々の未練がある。これが絶命までの間、念頭に去来して、精神的苦痛となるであろうことも想像されるのである。自己をあきらめきれぬときの苦痛である。厳密に言うなら、死そのものでなく、息を完全にひきとるまでの時間について恐怖するのである。

ところで、もしそうなら、現に生きている刻々の時間に対して、自己の生に対して、何故恐怖を感じないのか。死が近いと予感される時間だけが恐ろしいのではなく、死を忘れている時間だって恐ろしい筈ではないか。つまり死への恐怖を、生への恐怖におきかえてみることが大切なのである。

現実の生をかえりみよう。そこには生活苦がある。様々の争いがある。戦争の危機がある。心内をみれば、羨望や嫉妬や野心や虚栄心や物欲や、情欲や実に雑多な葛藤があって、自分を一刻も平穏にしておかない。そして果そうとする一念が、すこしも実現されていないことに気づくのである。その精神的苦痛と肉体的苦痛は、息をひきとる直前と、どれほどの差異があるか。ただ自分の健康状態が、まあ大丈夫らしいという安心ならぬ安心をもたらすにすぎない。まだ明日があると思いこんで、眼前の事実から眼をそらすのである。

ところが厳密に考えると、明日などというものは存在しない。いや在るかもしれないのだが、無いかもしれないのである。明日も必ず生きているであろうという絶対確実な保証は、どこにもない。明日とは、今日の空無の上に立った一片の空想である。人間はこの空想にすがって、今という現実的な時間を空しく過しているのである。それを見まいとして、何故なら、あまりに空虚だから。そして様々の気晴しを演じているにすぎない。

恐るべきことである。死が直前にも迫っているかもしれないにもかかわらず、のん気に暮らしているのであるから。むろん、のん気なことも結構なのである。人間は苛烈な思惟に、永続的に耐えることはむずかしい。誰しも気晴しは望む。快楽によって、今を忘れようとする。ただ快楽のままで、永続的であるわけにはゆかないという事実があるのである。

今死んで、果して悔いがないかどうか。死がいたるところにひそんでいるならば、我々もいたるところで、それに心構えていようではないか。ここに人間の、生の名にあたいするものが成立するわけである。死に対する想像力は、生に対する現実的観察の原動力とならなければならぬと私は思うのである。死は生を照明する。只今死んでも悔いなしと公言できる人は、おそらくないだろう。たといあっても、それは無理というものである。せめて可能なことは、悔いなしと言いうるところまで、一念を一歩でも進めることだ。迷いはつきぬにしても、迷いのうちに一念の祈りを湧出(ゆうしゅつ)せしめて、つまりは自己の本音のあるところに生きようとすること以外にないと思うのである。死の自覚が、人間の本音を、まず自己に明白ならしむるのである。生とは、死との妥協である。

死とは、厳粛に考えるならば、我ら人間がそれへ向かって成熟して行かねばならぬ一種の「完成」なのである。一人間の完成とは死。生とは未完の死。妥協である。故に生について考え、迷う、一念を形成するとは、死の練習といってもよく、これが精神というものの本質的な面目なのである。そして恐るべきは死よりも、むしろ生そのものではあるまいか。

どこに心の糧を求めたらいいいか

自己を否定して「我」が生れる

私は人生における一大事は邂逅であるとしばしば書いてきた。ここでもう一度人生において読書がどのような位置を占めるであろうかを語ってみよう。我々が人間に形成されて行くのは、決して自分ひとりだけの力によるのではない。第二の誕生日にも必ず助産婦がある。「自己」を生まれさせてくれるものがある。その人と邂逅することが大事である。あるときは先生でもあり友人でもあろうが、書物がそれである場合も少なくなかろう。書物が一個の人間のごとくみえるとはかかるときである。ある一冊の本を読んで、なるほど自分の悩みにひとつのすがたを与えてくれ、自分の心に喜びを与えてくれた、いまこれを読んで実によかったと思うことがあるだろう。私はそれを邂逅とよぶ。読書とはかかる意味での邂逅である。いい友人に逢うことが人生の幸福であるように、良き書物に逢うことは人生の幸福である。そしてその書物は「我」が生まれるときの産婆役をつとめる。

ことによると人生における最も確実な幸福とは、読書だと言っていいかもしれない。何故なら人間の心は無情であり、人間関係は不安定だが、書物と我々との関係は永遠でありまた自由であるからだ。つまり自分の欲するとき、居ながらにして東西古今の偉人に邂逅することができるのだから、こんな幸福なことはないと言える。同時に心の最高の贅沢と言ってもよかろう。

読書の最終の目的は、したがって明らかであろう。即ち東西古今の様々な本に接して、その中から自分の尊敬する理想の人間像を見出すことだ。我々の精神生活を確立する最も合理的な方法は、多くの迷いの裡に一つの書物に邂逅し、それをかいた人間を尊敬の対象として心の裡に確立することだ。むろん唯ひとりでない場合もあろう。また長い間には不満を感じて、それを否定したくなることもあろう。しかしたとえ否定しても、ひとたび邂逅の喜びを味わい、尊敬の念を抱いたということは、必ず心の裡に良き痕跡を残すものである。東西古今のすぐれた哲人や芸術家の生涯をみると、必ずそこに強烈な影響を与える先人がいる。自分が尊敬する理想の人間像を導師として仰ぎ、信従し、学び、そういう長い修練の道を歩まなかったものは一人もない。その上ではじめて自分の独創をあらわしている。独創的たらんとするよりは、自分の尊敬する人間の前にまず自己を否定することが大事だ。我々を感動させる著作は必ず自己否定を迫る。己を無とし、いわば心をむなしくして接しざるをえないのだ。そういう自己否定を通して、はじめて「我」が誕生するであろう。

これは青春時代だけにかぎったことではない。生涯の様々な時期に、このような邂逅をもつことが大切である。反面から言うと、その人に道を求める志の失われていない証拠とも言えるだろう。人間はいくつになっても、心を新たにすることが必要である。日常の生活に疲れて次第に求道心を失ってゆくのが世の常であるが、時たまでも心を奮い起して良き書に向かうべきである。ただの一行一句に接しても、たちまち心を新たにするような動機を与えられるかもしれない。年長者にとっては読書は心の洗濯にもなる。しかし何と言っても大切なのは青春時代で、青春時代に私がいま述べてきたような習慣をつけておく必要がある。その習慣のなかった人は、たとえ年をとっても、もう一度青春に還ったつもりで、いわば第三の誕生日を迎える志をもたなければならないと思う。読書がただ知識の集積のためでなく、心の糧と言われる所以(ゆえん)は、さきに述べた邂逅の重要性にある。邂逅によって、「生まれ変り」が生ずるのだ。良き書というものは、それを読んだ後と前とでは全くちがった人間になったように我々に思いこませる本のことである。

読書の四つの心得

読書が人生においてどれほど重要な意味をもつかを述べたが、次にその具体的な点を四つにわけて考えてみたいと思う。

第一には、すでに述べたとおり求道の志が根本にならなければならないが、さて何を読むべきかという点になると、個々人の抱いている問題が複雑なだけに、一般論として言うことはむずかしい。現在良書推薦がはなはだ盛んだが、たとえ良書であっても他人から推薦してもらったものよりも、自分で発見(邂逅)したもののほうが尊いのは当然だ。しかし初歩の人には選択は困難であろう。それでまずすすめたいのは東西古今のすでに価値の決まった古典的書物を読むことである。必ずしも古いという意味ではない。たとえば明治以後の文学なら、漱石・鷗外・藤村といった人々で、これは一応誰でも心得ているようだが、事実は決してよく読んでいない。時期時期にあらわれる新刊ものに飛びつきやすく、その点流行に追われがちだが、まず古典的書物をゆっくり味読することが先決問題である。

新しさは一つの魅力にちがいないが、どんなに新しそうにみえるものでも、みなそれぞれの国の伝統を負うているわけで、近代文学なら近代文学の創始者の作品から始めた方がまちがいない。そういう意味での古典を、まずとりあげるのが無難である。

第二には、それらの著作を読んで、もし感銘したものに出会ったならば、その作者の全集を読むことである。我々の読書はとかく散漫になりがちで、あれこれと読みちらすが、読書として最も有効なのは、たとえ範囲は狭くとも一個の人間に深く入ることである。トルストイでもよい、その人の生育から死にいたるまでの全像をもし深く究（きわ）めたならば、それだけでも大変なことだ。一生かかっても差支えない。そして水に入らずに水泳を習うのが不可能なように、入門書や解説だけに頼って理解したと思いこむのはおかしい。素手で飛びこんで翻弄されることだ。結局こうした訓練が我々に人生をみる眼をひろくし、他の作品を理解する上にもそれが見事に役立つであろう。むろん短日月で為しうることではないが、一人間の全集を読破するような人は滅多にいないものである。

前節に述べたように、自己の尊敬する人間像を持つということは、具体的にはこうして可能なのであって、それは人間研究の上にもはなはだ有効であろう。

第三には、読書の効果をあせってはならないこと。あれこれと散読して、結局自分は何を得たかと不安になっている人がある。あるいは厖大な書物を読んだが、みな忘れてしまって何にもならなかったという人もある。これだけ読んだからにはものがよくわかるとか、知識が豊富になったとか、何か直接効果がありそうなものだと思う人が少なくないが、その点で功利的になるのが一番いけない。すべての仕事がそうだが、読書にも十年位の経験が必要である。自分で様々に工夫し、苦労し、あるときは結果としてつまらぬ廻り道をしたと思うこともあろうが、そういう経験をかさねて行かなければならない。

現代は早わかり、入門の時代で、何事でも広く広くと向かって行く。広いのはいいが浅く広いのは困る。短日月に大急ぎである種の知識を得ようと思うのは虫のよすぎる話である。他人から遅れているなどと気にかけない方がいい。悠々と綿密に、自分にゆるされた時間を利用して、着実な態度で本を読まなければならない。

第四に、読書は他面において楽しみであることを忘れてはならぬ。最上の本は例外なくむずかしいし、また求道の志の深い人ほど真剣になるのは当然だが、深刻になりすぎて堅くなるのは禁もつだ。心の柔かさを失ってはならぬという意味で、楽しさを伴わなければならない。よくわからず興味もないのに無理して読み、むずかしい言葉を棒暗記して、それを虚栄としている人がある。たとえ最上の書でも、興味ののらないときは伏せておくべきだ。幾年か経てひらいたとき、今度は興味を起すかもしれない。

また最初のページから最後のページまで無理して読むのも避けた方がよい。一冊の本からただ一句でも感銘したものをうけとったら、そのときはそれで満足していていい。良書であればあるほど、我々が年をとって読みかえしてみるたびに教わるところが多いものである。一挙に無理して消化しようとするのは不可能なことだ。心楽しく、のびやかに読書すべきである。

これと関係があるが、俗にツンドクと称して、せっかくいい本を求めてもただ本棚に飾っておく人がある。これは困りものだが、しかし他面から考えると、余計なムダ使いするよりは古典を買ってツンドクしておいた方がいい。いつなんどき、ふと思い立って読むかもしれないし、自分が読まなくても、子供が成長してから読むかもしれない。とにかく身の廻りに良いものを置くことは、それだけで功徳になるものである。東西古今の一流の本は、金の余裕があったなら小まめに買い求めておくべきである。

精神形成のための理想的人間像の追求

異なる文化洪水の中で

私は人生における読書の意義を述べ、つづいて具体的に読書法を語ったが、もう一つ大切な条件がある。それは現実の社会、直接的には日本の現代文化の実相を絶えず念頭におかねばならぬということである。我々は現実に与えられた環境から離れることはできない。人生と読書と言ってもそれは現下の状態の裡に成立するわけで、ひとたびここに眼を向けると、頭の中で考えたようには順調にはゆかぬものである。むしろ読書は一方において絶えず現下の日本の文化の実体に眼を開かせるものでなければならない。そこで私は、誰もが留意する必要のある条件を次に考えてみたいと思う。

第一に、日本人の読書傾向が実に混乱していると言われるが、これは明治に国を開いて以来の混乱のあらわれである。即ち二千年間にわたる伝統と、開国後急速に流入してきた近代ヨーロッパ文明との激突から生じた混乱であって、これを見のがしては日本の現状を語ることができまい。思想はむろん風俗習慣ともに現代は和洋折衷の時代である。これが読書にも反映して、一方には、東洋あるいは日本の古典があり、明治以来の近代文学があり、また現代小説があり、他方にはやはり、二千年の伝統をもつ西洋の様々の書物がある。しかもそれらは順序も秩序もなく急速度で入ってきたわけで、応接にいとまがないのである。知性の万国博覧会極東支部日本、という言葉で私は言いあらわしてきたが、この混乱は短い年月ではとてもおさまらない。西洋の文明を日本風に充分消化するためには最低にみつもっても二、三百年は必要であろう。我々は混乱の序曲時代にいるわけである。

とくに西洋の近代文学、哲学、思想に関する我々の欲求は激しい。しかしこれらのものは二千年にわたるキリスト教精神とギリシャ精神を背景としているが、我々はその伝統を知らない。したがって翻訳ものをかなり曲解しているにちがいない。これはやむをえぬ現象とも言えるが、しかし事実は事実として認めざるをえないのである。こういうところに生ずる混乱の中で我々は現実に読書しているわけである。

第二に、こうした条件のもとに、どんな性格が形成されてきたかという問題である。私は従来もしばしば書いてきたが、現代日本人の文化的な性格をここでも概観しておきたい。そのひとつに極端性がある。外国のものが急速度で入ってくるので、とくに流行性を帯びるとき極端にその方へ傾きやすい。そしてある年月がたつと今度は反動的に復古が叫ばれ、それがまた極端へ走る。いわゆる国粋派といわゆるヨーロッパ派とは機械的に対立する。これは非常に日本的な現象と言えると思う。しかも二者選一といった激しさを伴い、政治的性格すら帯びる。さきに述べたような日本の近代化から必然に起った特殊な現象だが、こういう条件のもとに心のバランスをとるのは大へんむずかしい。もっとも国粋派とか西洋派とか、こうした傾向が機械的対立を帯びるのは、その背後のそれぞれの盲従性や独善性があるからで、ほんとうに落着いて対象を学ぼうとするときは、必ずおだやかなニュアンスのある表情があらわれるものである。ところがそういう時間が日本にはなかったのだ。開国以来まだ百年とたたぬうちに、西洋の一切を学ぼうと走りつづけてきたのである。むろん対立や論争そのものは大切で、私は妥協をすすめているのではない。私の最もおそれるのは政治的対立であり、威嚇性をもって二者選一を迫る極端な態度である。

いまひとつは速成性である。明治以来短日月に西洋を学んできたので、そこには充分に対象を消化する時間がない。できるだけ早く、手っとり早く、対象をわかろうとする。そこに必要な労力の省略が起る。入門書が流行したり、ダイジェストが普及するのはこのためである。原本を忠実に辿る時間を節約してダイジェストでまにあわせ、解説だけで納得し、それで対象に通じたように思いこむ。通じたことにしておくのだ。これは非常に危険な読書法と言わなければならない。早くて、わかりやすくて、面白く、というのが現代人のモットーで、映画が最もよくこれに答える。つまり積極的に自分の頭を働かすことなく、受動的に面白がらせてもらうという態度、これが読書態度に反映したとき危険は大きい。映画が好きになるほど読書力は衰えるものである。映画は娯楽として気晴しのためにはこの上ない面白いものだが、それを自分の精神態度としてはならない。よほど注意しないと映画中毒を起して、読書の労力を失ってしまう。

いまひとつ見のがしえないのは、観念上の混血性である。外国の新しいものを次々と受け入れることは必ずしもわるくないが、頭だけ先走って、実生活から遊離してしまうのでは困りものである。外国の哲学や文学を知らなければならぬのは当然だが、そのために書いたり言ったりしているることが、何が何やらサッパリわからず、一般人に通じないようになっては困る。つまり言葉だけがおそろしく難解でハイカラで、多くの民衆から浮き上がっている。これは一種の観念的混血児と言っていい。過渡期の日本が生んだ特殊な知的典型である。我々日本人はむろん西洋人にはなれない。そうかといって伝統的な日本からもすでに離れつつある。この中途半端なところに、観念上の混血児が存在するわけで、現代日本の知識人は多少であれこの性格を帯びている。日本民族の変貌上、不可避の現象と言えよう。

私は極端性と速成性と混血性と、三つあげたが、この性格はあきらかに現代の文化的混乱からきた弱点にちがいないが、しかし同時に一つの長所ともむすびついている。それは知的好奇心が旺盛だということである。もし日本人が怠けものの民族であったなら、こんなに性急にがむしゃらに西洋文化にとびつかなかったであろう。明治以来、かけ足のように走りつづけてヨーロッパ「近代」に追いつこうとした、その旺盛な知的エネルギーがもたらした悲劇だということを考えておく必要がある。長所と弱点は必ず一つとなっているものである。

現在読書している人は、様々の度合いで私がいま述べたような状態にあると思う。それは大きく言えば、近代日本の運命を背負っているということだ。この状態は決して短日月には消滅しない。いな、もっと激しくなるであろう。大切なのはこうした状態に対して盲目であるか、あるいは明らかにめざめているかだ。この点で大きな差異が出てくることに留意されたいのである。読書の肝要な点は、絶えずこの状態に目をひらき、その実体を自他において詳しく分析する能力を得ることである。自己形成や教養のために本を読むのだがさきに述べたとおりそれは今日の現実の社会の中においてである。古典を読む場合でも眼は必ずこの現実にひらいていなければならない。むしろ古典というものは、そういう明らかな眼を養ってくれる筈のものなのだ。

読書とはこの意味で精神の抵抗力を養うことだ、と言ってもいい。精神そのものが抵抗力であり環境を改変する能力である。極端性・速成性・混血性という条件から一歩ずつ脱却するために、その性格をはっきり見抜く必要がある。ちょうど医者が病人を癒すために、病原体にメスを振うように、我々は今日の文化状態の病的性格に対してメスを振わなければならない。そういう批評力が今日最も必要なのである。むろんこれは実に困難だし、誰だって一朝一夕でできることではない。しかしその方向へ努力すべきで、方法としては、長年月にわたる理想的人間像の追究が最も有効なのである。

無学ということについて

読書に関する意見として、私は最後に「無学ということ」について述べておきたい。言うまでもなく仏教からきた一つの知恵なのだが、とくに鎌倉時代の念仏僧たちの気持にそれは深く根ざしている。そして私はこれを読書法のある大切な面として考えてきたのである。鎌倉時代の代表的宗教家たちは、いずれもその当時の宗教の殿堂であった比叡山に対する反抗者であった。当時の比叡山は今日の綜合大学のようなもので、万巻の仏典を読破した大学者やゆゆしき理論家がいたわけである。そこに生じた一種の官僚化、あるいは知識偏重に対し、「無学」とは信仰の純化のための抵抗であったわけで、それは次のような気持を宿していた。

第一は、知識の私有化の否定である。学閥あるいは宗派閥に対する反抗であるとともに、民衆から遊離することへの危惧をも宿していた。法然も親鸞も比叡山を下り、俗世に還った人たちだ。無学の人間と同じところへおりて、という意味はあらゆる人間の煩悩と身をひとつにして、そこから宗教的叡智を養った人たちである。むろん彼らは最初は比叡山の秀才であった。青年の頃どれほど多く仏典を読破したかは著述を見れば明らかである。しかし彼らはそれを捨てた。少なくとも第二義的なものとみなした。「無学」であることによって信仰の純化を志したのである。

第二は、人間の分別なるものへの懐疑精神である。当時の宗教界を見ると、様々の宗派があり、理論闘争が行なわれ、宗教閥の争いも激しかった。そこに生じた多くの異説、あるいは人間の分別なるものが、果して正確であるかどうか。民衆から離れた知識人の遊戯ではないか。人間の善悪是非の判断なるものがいかに空想的であり不安定であるかを、「無学」の名において彼らは自他に問うたのである。最もおそれたのは自分の「意見」や「教」の固定化であった。さきの私有化にむすびつくわけだが、とくに学僧ほどこの危険に見舞われやすい。言わば当時のインテリに対する不信の念を宿していたと言ってよかろう。

第三は、当然のことながら自己放棄である。この意味では無学すなわち無心と言ってもいい。今日の言葉で言うなら「偏見なき精神」を得るための道であって、それを彼らは無学という言葉で表現したのである。誤解してならないのは、無学とは、学ばないという意味ではない。学問無用論ではない。学ばずして無学なのはむろんナンセンスだ。学んでしかも無学であることが大切なのである。学問を鼻にかけないという気持はむろんあるし、知識過剰からくる観念性への警戒もある。深く学んでしかも無名の民として埋れていてもよいという隠者の心構えもある。要するに私はここに書物や知識によって束縛されない「自由」な心を味わってきた。私の読んだかぎりで言えば、東西をとわず一流の文学者や思想家のうちには、皆どこかに「無学」な表情がある。

第二章　人間と愛情についての考察

生きる自覚を明かす言葉
――愛に悩み考えるとき

人生の根本問題は愛と死だが、同様に人間の発する言葉の極限とは愛の言葉と死の言葉であろう。

愛の生命（いのち）を甦らせるもの

微妙なものに通じる心

愛についてどれほど多くのことが語られてきたか。東西古今を通して、くりかえし愛は語られながら、しかもなお語りつづけられているのはなぜだろうか。定義することもできないし、人間は生まれるたびに自分で新しく経験しなければならないからである。

愛の新しい経験とは何か。これは言葉で言いあらわすことのできない微妙なものに直面することである。恋愛だけでなく人と人との交わりのすべてを通して、どうしてもうまく表現できない心は必ずあるはずだ。

人間の言語や動作は、どんなに気をつけても、ぎこちないものだし、また不完全なものである。しかし心のなかで、かすかにもゆれ動く感情があって、それがふとした動作や言葉のはしにあらわれることがある。そういう微妙なものに対して敏感であることが、すなわち愛の経験だと言ってよかろう。

ところで愛という言葉ほど濫用されている言葉はあるまい。だれでも使い古して、もう魅力のなくなっている場合がある。しかしそれは隠れた微妙なものを見失ったときだ。つまり露骨に、どぎつくなったとき、愛は形骸になってしまうと言ってよかろう。だから人は軽々しく愛について語ってはならないのだ。黙っているとき、ひそかにしのびよるものに対して、沈黙のうちに愛を感ずることが必要であろう。

恋愛は言葉の機能を、はじめて我々に教えてくれるであろう。という意味は、言葉がどれほど微妙で神秘的なものであるかを、恋愛によって自覚せしめられるからである。愛することによって、人はまず言葉を失う。換言すれば、言うに言われぬ思いにとざされて、表現の異常困難に直面するのである。言いあらわされた言葉は、心の中で思っていることの何十分の一にすぎないことを知らされる。言葉は不自由なものだということを。

何ゆえに愛するかと問われて、言葉に窮しないものはあるまい。もし理路整然と説明し解釈しうるものならば、それはすでに愛ではない。かように言ってみても、言いきれず、語りつくされぬところに愛がある。このもどかしさを恋愛は教えてくれるのだ。人間は恋愛によって言葉を失い、失うことによってはじめて言葉の価値を知る。

饒舌は愛情の死だ。恋人たちが二人ならんで腰かけたまま、いつまでも沈黙している、あの沈黙のうちにある万感の思いと、語られざる対語のうちに、健全な言葉の胎動がある筈だ。言葉は沈黙という胎内で、妊娠の状態をつづけているのだ。健全な言葉は健全な沈黙に宿る。表現の異常困難だけが表現を育ててくれる。言語障害が言語を開拓するのだ。現代人はこうした沈黙の時間に堪えない。恋愛は饒舌となり、併せて露骨となった。恋愛が一つの美学であるかぎり、言葉においては、恋人は詩人でなければならない。私は詩人のためにかいた言葉のいのちと題するフラグメントを前章につづいてもう一度ここに掲げておきたい。
「生命は力なり。力は声なり。声は言葉なり。新しき言葉はすなはち新しき生涯なり」

新しい生涯、新しい生命

言葉の生まれいずるときあるいは言葉の改革さるるときの根本の相がここに示されている。新しい言葉とは新しい生涯なのだ。再生の祈念なきところに言葉の浄化はおそらくあるまい。現代語の混乱しているのは事実だが、それは技術的に言って現代日本語が複雑化している故のみではない。根本的には精神そのものが混乱しているのだ。言葉は精神の脈搏である。肉体が病むとまず脈が乱れるように、精神の病むときは言葉が乱れる。今日において詩人は何よりもまずこの点において卓越せる医学者でなければならない。そういう意味で批評家でなければならない。精神の昏迷に無知なるままに言語改革だけを技術的に行なおうとする者は、言葉を殺すとともに精神を殺してしまうであろう。それは生命を殺すことに通じる。すべての言語改革者に警戒せよ。詩人は言葉の殺戮(さつりく)者に対して、誰よりも敏感でなければならない。

かかる時代に、私のいつも考えることは言葉の生まれいずる日の、その始源のすがたである。言葉自身の神話である。『古事記』をひらいてみよう。天のみ柱のもとで、いざなみのみことは、「あが身は、成り成りて、成りあわざるところ、ひとところ在り」と宣(のたま)えば、いざなぎのみことは「あが身は、成り成りて、成り余れるところ、ひとところ在り。故(かれ)、このあが身の成り余れるところを、汝が身の成りあわざるところに、刺しふたぎて、国生み成さんと思うはいかに」と申さるる。

実に鷹揚で美しいエロスの世界ではないか。神々の最初の言葉が、いのちの、また性の、根源にふれて発せられたことを私は懐しく回想する。そしてこんな一句を思いついた。「はじめに言葉ありき。その言葉は愛の言葉なりき」生命とはおそらく愛だ。言葉は愛とともに生まれたに相違ない。すべてのいのちあるものがそうであるように、言葉そのものがすでにいのちなのだ。男女の二神は、みずから発した言葉によって抱擁を知り、性の悦びを味わったであろう。その一語一語がいかなる興奮と愉悦とにあふれつつ語られたか。おそらくその一語一語が、翼をもつ小天使のように、二柱の神々の周囲を飛翔したにちがいない。

かりそめの言葉一つにも

人は愛することによって言葉の価値を知る。いままで何げなく使っていた言葉は、もう言葉とは思われないであろう。今はじめて言葉を発する人のように、一語一語に思いをこめ、その一語一語が火花のように花びらのように舞うのを自覚しながら、人は恋を語るであろう。いざなぎいざなみのみことは何処(どこ)にでもいるのだ。人は愛することによって神話の創世紀に入る。彼みずからが神となる。言葉がいのちであり、肉体や性や霊と一なるものであることを知るのはかかる時だ。そこに新生がある。自然はふたたびよみがえり、心はふたたび新鮮な輝きにみちわたる。言語の改革を叫ぶものは、老若をとわず、まず恋愛をしてから改革をいうべきではなかろうか。

生ある者は必ず滅びる。人間、これは死すべきものだ。そしていかなる人間も自分の全願望をとげることなく死ぬ。いわば中途にして倒れるのが人間の運命であって、この意味で人はみな何ものかの殉教者であると言ってよい。人は死を凝視することによって言葉の価値を知る。ただ今臨終と覚悟してみよ。いままで何げなく使っていた言葉はもう言葉と思われないであろう。今はじめて言葉を発する人のように、一語一語無量の思いをこめて発するであろう。自己の衷心（ちゅうしん）の願いを果さんとして果しえなかった無念の情を、即ち、その人のいのちである一念を、語るであろう。人は自己の死によって言葉に生命を与える。詩人は言葉を生んで死ぬ。作品の完成とは作家の死だ。言葉を新しくしようと思うものは、つねに臨終の覚悟に生きなければならない。死を凝視して発する言葉に真の価値がある。

　人間の言葉の中で、最も美しいのは相聞と辞世であると、私は幾たびもくりかえし書いてきた。即ち愛の歌と死の歌と、歌という形式のみを指すのではない。精神存続の健全な形態を言うのである。相聞と辞世。人がまじめに語り表現するところは、詮じつめればこの二つの形態しかない。それが何ものへの愛であろうとも。何もののための死であろうとも。そして愛の窮極の言葉は死の言葉、辞世につながる。故に、無学の女人のかいた恋文すら、なお大文学の基礎とするに足りる。愛する人の死後、何が我々を最も悲しませるか。何を我々は切に思い出すのか。死せるその人の愛の声であり、言葉ではないか。伝統の中に古人の言葉が生き永らえるのはこうしてである。かりそめの言葉すらこうして代々の祖先によって暖められてきたものである。それは無量の亡霊の遺産である。言葉を言霊（ことだま）とした上古人の真実さを私はなつかしく思う。言霊の説は決して日本独自のものではない。「ヨハネ伝」の冒頭に、「はじめに言葉あり、言葉は神とともにあり。言葉は神なりき。この言葉ははじめ神とともに在り、よろづの物これに由りてなり、成りたる物に一つとして之によらで成りたるはなし」とある。さきに引いた『古事記』の一節と照合して興ふかいものが感ぜられる。太古の深いいのちに根源を有し、いのちの不思議そのものとして、かつ「成る」即ち「生む」ものとして観せられていたことが明らかである。言霊の信仰はおそらく産霊（うぶすな）の信仰と一つであったのであろう。

　すべて言葉は韻律と語感と陰翳と余情をもつ。それは長い間に、様々の人の悦びや悲しみを宿し、また様々の人によって愛撫された証拠であろう。詩人とは、極度にこれに敏感なるものである。そして現代人とは、極度にこれに鈍感なるものである。現代人とは饒舌家のことだ。饒舌家とは、言葉が未だ言葉に成りきらないうちに吐き出してしまう慢性の流産妊婦のことだ。一人前の形をした健康そうな言葉が現在どこにあるか。みな流産児であり奇型児ではないか。現代語はすべてスローガンふうに成る傾向を持つ。流行語ほどそうだ。スローガンの特色は主として思考の省略という点にある。言葉の大衆化とはその平均化である。平均化されるにつれて思考は省略される。どのような尊い言葉も現代ではこの意味でスローガン化される危険な状態におかれている。「恋愛」もまた然り。言葉の恐るべき受難時代だ。

　深く考え深く思いを傾けた言葉は、砂金のように泥土の底ふかく沈澱している。多くの瓦石にまじって鉱脈のはるか奥底に隠れている。詩人は鉱夫でなければならぬ。つるはしを以て無駄な石塊を掘りさげ掘りさげ、金を発見しなければならない。それは饒舌でなく、静寂な沈黙の涯（はて）にひそんでいるであろう。　詩人という鉱夫のもつつるはしの作用、それは推敲である。　無限の推敲である。完成とはあくまで、一つの夢に似ている。恋文を書くとき人はこれを経験するはずである。恋愛をする人は多い。しかし恋愛を推敲する人は少ない。

さまざまな愛、その真実の姿

言葉と愛情

人間性に対する愛情とは具体的にはどういうことだろうか。この問いに対して、一番さきに私の念頭に浮ぶのは前節ですでに述べたように、「人間の言葉」である。言葉は精神の脈搏であるというのが私の持論である。心の乱れや苦しみは直ちに言葉の中に現われるものだが、しかしそれ以前に人間として心しなければならない一つの大切な現象がある。それは心に深い感動を受けたり、あるいは複雑な悩みを感じているとき、言葉を失うという現象である。

われわれが口に出して言う言葉は心の中であれこれと思い惑っていることの、何十分の一に過ぎない。複雑な思いほど表現はむずかしい。これは芸術の鑑賞の場合でもあるいは男女間の愛情の場合でも、誰しも経験するところであろう。従って人間性に対する愛情とは、この表現されないものに対する愛情でなければならない。私たち人間同志が互いに心を通わせるのは言葉を通してではあるが、人間の言葉ほど不完全なものはない。われわれは互いに理解し合ったと思って、実はどれほど多く誤解し合っているか。従って、相手の言葉だけをとり上げて、その言葉ですべて相手の気持を割り切ってしまうところに人間性への冒瀆が起りやすいのである。

口に出して言った言葉だけで相手を割り切らず、その言葉にこもるさまざまな思いを抱いて人間は苦しんでいるものであり、それが人間の常態である。口に出して言った言葉を通して表わし切れないでいる内心のさまざまな悩みというものを、敏感に推察してあげるのが、人間性に対するまことの愛情ではなかろうか。

現代の一番大きな不幸は、社会生活においても、政治生活においても、平生の交際においても、すべて相手の言葉を単純に受け取り、同時に相手を機械的に裁断してしまうところに起っている。真の意味の人間間の平和とは、私の言う言葉にこもるニュアンスへの愛情である。人間性への愛は従って抽象的なものではなくて、われわれが平生作っている言葉の受け取り方、あるいは言葉の発し方そのものの中にある。

肉体が病むとき脈搏が狂うように、心が乱れているときは必ず言葉が狂うものだ。平生の言葉をもって、あたりまえに静かに物語るという風習が近ごろはなくなって、雑誌においても新聞においても、きわめてどぎつい刺戟的な、センセーショナルな表現が氾濫している。これは社会自身が混乱している証拠だが、個々人の場合ももちろん同様だ。そういう意味で、言葉を正すということが、人間性に対する最も深い愛情を養う基礎になると私は思う。

同じ道へ、心と心のふれあい

第一章でもくりかえし述べたように、人生にとっての一番重大な事件は、いついかなるときに友人を見出したかという点にある。この友人という意味は、普通われわれが考えている遊び友達ということではない。お互いに道を求めている人間同志の心と心との触れ合いを指すのである。従って、友人という意味を、すでに死んでしまった故人に置き換えて考えてもよい。たとえばある一冊の書物を読むことによって故人の心に触れ、そこに一種の知的友情が成立する場合をも合わせて考えなければならない。そういう意味で、友情を結ぶということは人生の一番大きな事件であるだけでなく、またそれが人生の幸福であろうと私は思っている。

しかし現実の問題として、われわれはさまざまな友人とつき合うが、いかなる友人であっても人間である限り互いに弱点を持っている。われわれは友人を求めるとき、自分の気持とできるだけ一致した友人を求めやすい。また現にわれわれは、意見が一致したとか、あるいは性格、ものの感じ方、それらの点で一致したと思い込むとき、初めて友情が成立すると考えやすい。しかし先に言葉の問題として話したように、人間同志が真に理解し合うということはほとんど不可能といってもいいのである。また実際問題として、自分とほとんど寸分違わない心を持つ友人を求めるということなどは、一種の空想にすぎないだろう。

真の友情は、われわれが意見が一致しているとか互いに似ているということではなくて、その逆に、二人が性格の上でも見解の上でもまったく違っている。おのおのの個性が鮮かである。それだからこそ仲よくなるというのが、真の友情でなければならないと私は思う。完全なる一致とか、完全なる理解というものは、人間としては不可能である。おのおの独立した人間であるなら、時にはけんかもするだろうし、また離反する場合もあるかもしれない。しかしおのおのが自分の心に忠実に物事を探求して行く場合には、たとい自分とは正反対の道であっても、そのことに尊敬を抱き、そのことで相手を尊重するというのが友情の最高の形式である。同時にまた社会生活の最高の形式でもあろう。

孔子は『論語』の中で「和して同ぜず」と言っている。君子の交わりは和して同ぜず、小人の交わりは同じて和せずという有名な言葉があるが、君子というのは別にすぐれた人間という意味でなく、私が今述べたように自己を確立した、あるいは確立しようとしている人間と考えてもいい。そういう人は仲よく人々とつき合うが、しかしそのことによって決して相手に盲従したり、また相手を自分の意見に従わせようとはしない。和するということがすなわち同じでないということである。

ところが小人、つまりきわめて心の狭い人間にあっては、たちまち意見が一致したり、あるいは妥協し合ったりして、しかも陰では絶対に心をやわらげないで相手の悪口を言う。また嫉妬心を持つ。表面上の妥協だけをもって理解と思い込んでいる人がはなはだ多いのである。和してしかも同ぜずという、これが孔子の夢みた理想的な交際形態であり、同時にまた真の友情であると私は思う。

失敗の連続から愛を知る

学問の場合も芸術の場合も、それを愛するということは、具体的にはどういうことか。ごく簡単にいうと、要するにそれは訓練ということだ。絶えざる訓練、この訓練のための苦痛の連続、そして究極において正確さへの意思というものが、この場合愛情の本質である。たとえば数学において いかなるごまかしも通用しない。ヨーロッパの精神において幾何学が尊ばれるのは、その精神がきわめて厳格であるからである。2プラス2イコール4であって、それ以外のいかなる解答も誤謬である。そういう容赦のないきびしさというものが、数学の精神であると同時に、それは芸術の追求の場合にもまた、そのままあてはまると思う。

たとえば文学の場合には、文章の正確さということは絶対的な条件である。語学の場合も同様であって、たとえば文学を勉強する場合、われわれは小説や評論を読むが、しかし外国語を厳格に勉強しようという文学者は意外に少ない。語学もごまかしのきかない学問であり、従って文学の研究には語学の研究ということが、正確な精神を養う上でもきわめて大事なことだ。学問及び芸術すべてについて言えることで、要するに今述べたような意味で、正確さへの意思を鍛練することだ。それが愛情の本質なのである。このとき空想性は、愛情の敵だと言ってよい。

こうした厳格な訓練のためには、お手本を選ぶことが必要である。原典を選んで、それを模倣するということが必要な条件となる。絵画におけるデッサン、あるいは音楽における練習、すべてその原則をたずねると、今述べたように数学的正確さというものが根本になければならない。また学問や芸術を学ぼうとするとき、われわれはすぐ自信があるとかないとかいう。

しかし自信とは一体何か、それをよく考えてみると、やはり一種の空想に過ぎないことがわかる。たとえば人に賞賛されたとき、自分に才能があると思いこみ、逆に人から非難された場合には、才能がないと思って動揺する。

しかし自分の行為に対する他人の賞賛あるいは非難そのものがいかに不安定なものであるかは、日常われわれの経験しているところだ。その不安定なものの上に、不安定なるゆえに、自信という妄想をいだくのである。

従って学問や芸術の場合、大切なことは今述べたような意味での自信というものを捨て去ることである。自信があるか否かというよりも、私が先に述べた、どこまで正確さへの意思が鍛練されているか、その持続性こそがすべてである。

建築家が煉瓦をひとつひとつ積み重ねて行くように、日常の中でひとつひとつ自分の努力を積み重ねて行くという、その地味な仕事以外には何も存在しないのである。自信という言葉の持つ空想的な性格を自覚しておく必要があろう。

もう一つこれとあわせて考えられることは傑作意識である。特に芸術家の場合には、傑作を書こう、あるいは傑出したものを描き出そう、すべてこの傑作意識というものにつきまとわれやすい。しかし傑作意識というものは一種の投機的な性格を帯びているもので、うまくやろう、あるいは派手にやろうと思う、そういう意識自身が実は芸術を最も誤るものである。傑作は傑作意識から出て来るのではなくて、先ほどから繰返し述べたような平凡な日常的な労苦の果てに自然に与えられるものである。自信という言葉が空想性を帯びているように、傑作意識もまたわれわれの空想に過ぎないということを知るべきである。

学問においても芸術においても、何がわれわれを一番深く訓練するかというに、それは失敗の経験である。文学においても、音楽絵画その他すべて学問をも含めて、ただ自分たちの過失あるいは迷い、やりそこない、そういうことのみが自分たちを訓練して、それによって人間は教育されるものである。失敗の存在しないところに教育も存在しない。そして失敗したときに生ずる愛情こそほんものだといえる。

貧しき心の人々を動かすもの

宗教を考えるとき、私はその動機としていつも三つの点をあげることにしている。その一つは生命の危機感、その二は病めるものの自覚、その三は罪の意識である（これについてはまた後の章でくわしく述べる）。宗教的動機というものは、すべての人間の病とか、悩みとか、罪とか、そういう暗いものと結びついているものである。真の意味における宗教的愛というものは、こういう人間の苦悩にのみ向かって発せられるべきであって、たとえばキリストは平生どういう人間とつき合っていたか。聖書を読むとわかるように、罪人、娼婦、貧しき人々、それら社会からは最も恵まれない、また軽蔑されている人々とのみ主としてつき合って、しかもそこにのみ彼の愛というものが現われているのである。

これに反して、キリストの最も憎んだものは、学者、パリサイの徒、いわゆる偽善者の一群である。彼ら偽善者は常に神の愛を説き、自分たちのみが正しいと思い込み、あるいは他人に対して正しさというものを強要する。そして病める者や、罪人を、自分たちよりもはるかに品下った者としてみている。そこに生ずる彼らの傲慢な態度に対して、キリストは常に攻撃を加えているのである。

宗教的愛は人間の心の奥底隠れた所に向かって発せられるものであり、もしこれを露骨に説いたならば、その場合宗教的愛は直ちに臭味を発する。宗教的愛はすべての愛の中でも最も微妙なものであって、一歩その表現を間違うときは、たちまち偽善的性格を帯びる。キリストが罪ある女に対して、ただ沈黙をもって向かった姿を私は思い出す。そしてわずかに「この後再び罪を犯すな」と一言発しただけで、あとは地上に指でものを書いていたという、そのような沈黙の深さから来る愛情が、真の意味における宗教的愛情である。

何びとも恋愛の理由を説明することはできない

何びとも恋愛の理由を説明することはできない。しかしこの場合問題になるのは、相手の人間の美しさということである。そしてこの美しさというものは、愛情によって初めて発見されなければならないものである。恋愛し合う男女は、第三者にはわからない美しさを互いに認め合っているものでなければならない。つまり恋愛とは人間における美の発見である。その意味では才能が必要であり、その才能を養うものが芸術である。

たとい芸術に関心のない者でも、恋愛を始めるやいなや必ず幾分か芸術的になる。そして文学や音楽や絵画や映画等によって自分の恋愛感情を養われることを自然に欲するものである。人間の顔や美しさも今述べたことと同様であって、美しい顔というものは必ず発見されなければ存在しないものである。だから第三者から見て醜い顔と思われるものであっても、その当事者においてそれが美貌として感じられる。そしてその隠れた美しさを発見するには、私が今述べたように才能が必要であり、あるいはこまやかな感覚というものが必要なのである。

しかし恋愛するということと、人間として完全に理解し合うということとは別である。私は先に人間同志の理解というものはほとんど不可能であり、理解と思い込んでいるのは実は誤解にすぎない場合が非常に多いと述べたが、恋愛も同様である。但し恋愛の場合の誤解は美しい誤解である。そして結婚というものは、恋愛がいかに美しい誤解であったかということに対する惨澹（さんたん）たる理解である。

肉親の愛情について

肉親の愛情については、日本では古くから孝行という道徳が伝えられてきた。これは日本の古い家族制度とも結びついているのであるが、日本の今までの両親は自分の子供の独立性というものを容易に認めない。むしろ子供を一種の投資の対象のように考える場合が非常に多い。これは日本の社会の貧しさによるものであって、他を押しのけて立身出世しようとする、そういう生存競争の激しさから、自分の子供を無理にでも出世させようとする、そういう点からの無理強いが今までもずいぶん行なわれてきた。それが両親の当然の権利であり、逆にまた子供の側からは、それが孝行であるというふうにみなされてきたのである。

だから生きる道が絶たれ、非常な不幸に陥った場合、子供を連れて親子心中する例が少なくない。このことは今述べたように、親が子供というものをあくまでも投資の対象とし、あるいは立身出世主義の対象とするという、そのエゴイズムから発して来ていることである「自分の所有物」という観念があるからだ。子供の独立性を容易に認めず、あくまで自己の生活の安全を保証するものという、そういう功利的観念が強く入ってきているからである。

親を大切にせよ、孝行せよということは、親の方からいうべきことではない。むしろ逆に子供の自由を認めることによって、子供自身が自発的に親に親切にしなければならないと思う、そういう自然な感情が最も好ましいのである。むろんこれは子供の年齢にも関係してくるが、少なくとも青春時代に入った子供を持つ両親は、その家族生活においては親子の関係と同時に、また人間としての友情的な繋がりを持つことが望ましい。あるいはまた社会人として、対等の立場で互いに話し合うという習慣も必要である。

日本では家族制度そのものが古くからあるだけでなく、また日本の家屋というものが雑居的な性格を帯びているために、個人が独立してものを考える室というものを持たない。このことは家庭の主婦についても言えることで、主婦は朝から晩まで自分の落ち着き場所というものを持たない。特に農村にはこの傾向がはなはだしく、従って孤立して一時間でも本を読む、あるいは物を考えるという時間がないために、人間としての独立の基礎というものが著しく失われる。日本の主婦の一番深い悲劇ではないかと、私は思っている。

同じことが子供についても言えるわけで、できるだけ子供が一人間として独立して行けるような環境が望ましいわけである。もっともこれは日本社会全体の貧困に発していることであって、急にこの関係を改善することは不可能にしても、まず両親として第一に考えなければならないことは、自己のエゴイズムに発する立身出世主義を排することであり、逆に子供は、自分の自由を得ることによって両親への愛情を自覚することであると思う。

自己を知るということ

自己を知るということはきわめて困難なことである。先にも述べた通り、わずかな賞賛の言葉がわれわれをうぬぼれさせ、わずかな非難の言葉が自己卑下を起させる。これは青春時代の特徴であるだけでなく、人間はすべていくつになっても周囲の言葉によってわけもなく左右されやすいものである。むろん自己を知るということはきわめて困難であり、実際に生きてみて、さまざまな経験のうちにその可能性を求めながら、しかも一生かかっても自己とは何かという問に対して答は出てこないかもしれない。従って自分自身への愛は、誰しも所有はしているが、その自己愛の根拠を考えてみると、必ずそれは可能性に対する夢に過ぎないのである。

その可能性への愛というのがつまり執着であり、人間が生きてゆくことの根拠でもあるわけである。自己愛の持つ空想的な性格のために、われわれは生きて行くことができるのだともいえよう。たとえば神様がいて、われわれの生涯全部の過程を明らかに示してくれると仮定したならば、われわれ自身は生きる興味を失なうであろう。自分の壮年時代から老年時代、死に至るまでが完全に予想ができたとするならば、われわれ自身それを生きる必要がなくなるわけである。

つまりさきに述べたように、われわれの生の可能性、その空想的な性格がわれわれを生かしているのだ。だから一番大切なことは、生きるということは、不安定を生きることだと知ることである。不安定でない人生というものはないのだ。そしてどんな空想も、現実の生活によって必ず正されるものである。生きることは、われわれの夢をひとつひとつ破壊してゆくことである。しかし絶望の必要はない。それが万人のうける試練なのだから。そういう試練に堪える自己を愛しようではないか。

人類愛という言葉

人類愛という言葉だけなら、誰でも知っているが、しかしそれがどの程度に自分の身についているかという点になると、特に日本人の場合きわめてむずかしい。なぜなら日本は極東の果ての小さな島国であって、異民族と自由に交際するという環境にははなはだ恵まれていない。従って外国人に対しては、必要以上に劣等感を持っている。あるいはその劣等感に反発すると独善的な優越感におちいって国粋主義になる。つまり日本人という意識の中には、優越感あるいは劣等感いずれかの面があるが、人類という観念はきわめて稀薄ではないか。

このことは戦争中、あるいは戦後の十年間を振り返ってみてもわかることで、口には人類愛を唱えながら、必ずどこかの国に対して劣等感を抱き、そして自分を自分で虐待している。さもなければ独善的な国粋主義に陥る。こうした両極端を日本人はいつもジグザグな形で歩いて来た。しかしこういう状態のもとで、私たちに人類愛というものを本当に自覚させてくれるのは芸術ではあるまいか。

これは日本人の美点として私がいつもあげることだが、どのような芸術であろうと、国籍あるいは民族の差を問わず、それが一流品であれば喜んで学ぼうとする。旺盛な知的好奇心を私は日本人の美点だと思っている。この数年間を振り返ってみても、それ以前の日本にはなかったほど数多くの外国の絵や音楽や美術、その他さまざまの芸能関係の人が日本へやって来たし、また文学その他の著作にしても、未だかつてなかったほどあらゆる国のものが日本で翻訳されている。このことは日本人の知的好奇心がいかに旺盛であり、しかもいいものでありさえすれば人種的偏見なしにこれを摂取しようとする、そういう欲望を表わしたものとして、私は高くこの能力を評価したいのである。

芸術には国境がないといわれるが、日本人は見事にそれを実証した。その反面には知的好奇心が極端に分散して、あれもこれも少しずつわかる浅薄な文化人を生み出した、そういう欠点ももちろん伴うのだ。しかし私は人類愛という感情を、一番深くまたは端的に養ってくれるものは、結局世界中のすぐれた芸術に接することが第一だと思っている。また平和の真の基礎もこの点にある。なぜならば芸術の世界においては、たとい誤解し合っても、そこで血を流すことはないからだ。誤解し合うということがまた一種の理解をもたらすという、特殊の条件を芸術は具(そな)えているからである。

国への愛情というもの

国への愛情というものは、それを表現する場合きわめてむずかしい。日本の歴史を振り返ってみると、愛国心の叫ばれる時代は少なくとも不幸な時代であった。それが国家が危険に瀕している、あるいは内的に乱れている、そういう危機感から出て来る声には違いないが、しかし日本の場合愛国心がきわめて危険であるというのは、それが画一性を帯びやすいからである。戦争中の愛国心を振り返ってみると誰でも気づくことだが、つまりあらゆる人間が同じ言葉、同じ口調、同じ表現で愛国心を説くようになったならば、そのときが最も危険な状態にあるといってさしつかえないと思う。

元来愛国というのは、すべての愛情がそうであるように、思いつめる能力である。自分の国のことを心の底から心配し、そして悩み、思いつめる。この思いつめるという能力が愛情の本質である。従って真の愛国者は、軽率には愛国心を説かないであろう。ほんとうに国を愁(うれ)いている人は、その愁いていることをやたらに宣伝などはしないであろう。自分の国に欠陥があったならば、その欠陥を隠すことなくどしどし攻撃してもさしつかえないわけである。つまり私の恐れるのは、愛国心にしても非愛国心にしても、それが画一性を帯びるということは、それは最も危険なことであり、真の愛国心は決して愛国を説教しないということを強調したいのだ。

愛国心を誰もが説かない時代が、その国にとっては最も恵まれた時代である。

隣人への愛というもの

ここで隣人への愛というのは、キリスト教的な意味での隣人への愛ということではない。われわれ日本人の平生の社交、あるいはごく平たく言ってつき合いというもののもつ特殊な性格について語りたいのである。日本人は他人の家庭生活、あるいは他人の個人生活に対して、必要以上にこれに干渉することがある。あるいは他人の生活を覗き込みたがる性格を持っている。これも古い家族制度から来たことで、たとい見知らぬ隣人であっても、家庭にいろいろ困ったことがあるときは、それを世話してあげようという善意もそこにはあるに違いないが、しかしそれ以上に他人に対して、しかも社会的な問題にもならない他人の家庭生活に対してとやかくうわさを立てて、干渉するという傾向がきわめて強いのである。

特に大都会よりは地方、農村にこれが多い。いわば他人の家のうわさ話をするということが、日常のつき合いの一つの形態になっているとさえ言ってよいのである。そして何か物事を判断する場合には、必ず近所の人はどう言うだろうとか、世間体が悪いとか、世間の口がうるさいとか、すべて隣り近所の、あるいは一つの村の評判というものだけが気になって、そこから自主的な判断というものを失うと同時に、また社会的な訓練というものが全然伴わないということにもなるのである。

隣人への愛という言葉で私の言いたいことは、他人の家に対する小姑(こじゅうと)根性を捨てて欲しいということである。いい意味での個人主義を確立する必要がある。社会的に迷惑を及ぼさない限り、われわれはお互いに自分自身の生活を大切にし、同時に他人の生活を尊重して、これにみだりに干渉がましいことをしないというのが、これが民主主義の原則である。

この点ではジャーナリズムにも多くの欠陥がある。たとえば有名芸能人の結婚問題や離婚問題など、必要以上に大げさに取扱う。それが何らか社会的な意義を持つ場合なら別だが、ただ著名な人というだけで、その私的な生活まで洗いざらい興味本位にさらけ出すような、そういうジャーナリズムの行動は明らかに行き過ぎである。このように日本のジャーナリズムが取上げなくてもいい家庭内の問題まで大々的に取上げるということは、この反面にそれを要求する読者があるということで、つまり私たちの日常の生活というものが、いかに他人の家庭を覗きたがる性格に基いているものであるかということを示している。

人間の心の不安定

人間の心はきわめて不安定なものであることは先に述べた通りである。われわれは愛の永遠性という言葉をよく使っている。また死ぬまで愛するという誓いをよく口にすることがある。しかしいかなる人間の生涯を考えてみても、永遠の愛情というのは存在しない。愛の性質そのものが常に変化して行くものである。これは特に恋愛について言えるわけで、恋愛をしているときは、その愛の永遠性を夢みるが、しかし実際に結婚し、家庭生活を持つと、その恋愛感情というものは薄れて行くものである。

しかし薄れて行くがその代りにまた別種の愛情が起る。それは私が先に述べた人間同志としての友情感であり、また社会的に言えば同志愛と言ってもいい。つまり人間としての愛というものは不安定ではあるが、同時にまたいろいろな形で変化してゆくものであるということを私は言いたいのだ。いかなる人間でも愛の永遠性を確保することができないという弱点を、お互いによく認識し合うということが一種の愛情ではないか、そう私は思う。

また愛の喜びというものは、必ず苦痛を伴うものである。喜びだけ連続するということは実際問題としてはあり得ないことだ。また苦痛だけが連続するということはあり得ない。喜びが大きければ大きいほど、それだけまた苦痛を伴うものであり、いわば快楽と死というものは、常に形と影のように相伴っているものである。

モンテーニュは『随想録』の中で、人間が快楽に酔っているとき、あるいは愛情の永遠性を考えているとき、一方で必ず死ぬことを考えなければいけないという意味のことを言っている。たとえば歓楽街のただ中に墓場をつくり、あるいは酒を飲んで騒いでいる最中にがい骨を見せる。そのようにして人間の快楽あるいは愛情というのは直ちに死に結びついているということを絶えず自覚させる必要があるというのだ。同時にまた人間の快楽とか愛情というものは、死の危機を意識したときに一層深まるということも事実である。

第三章　美しい人の魅力とその創造

危機に決断力を促す言葉
——どうすべきかを考えるとき

自分はまだ若いとか未熟だからと言って、ためらってはならない。若いうちにこそ、そうしなければならぬ。むろん多くの危険や行きすぎの独善性も伴うだろうが、「巨大な体験」の中での体験は彼の生涯に良き痕跡を残すであろう。人生は短いのだ。思い立ったときに直ちに実行すべきである。

美を求めあこがれる知恵

人間の顔

人間の顔、これは絶えず衆人の前にさらしておかねばならぬ実に厄介な存在だ。青春期における自我の覚醒とともに、我々は自分の顔を意識し、顔についての空想を始める。先天的なものというあきらめは決してもたない。たとえそう思っても、様々の虚構作用をそこに試みることをやめないであろう。生きることは、一種の芸術行為であって、人は虚構をもって人々の中へ行くのだ。心にもない微笑、誇張のポーズ、驚きの表情、習慣にしたがって無意識の裡に、顔がまず仮装することを覚えるようである。人間の顔はどれだけの虚偽によって部厚くされているであろうか。もしほんとうに己れに忠実であろうとすれば、顔は決して人に見られてはならないものであろう。「人は、最も大切に隠しておかねばならないものを、人眼にさらしている」(ヴァレリイ)

これは顔の微妙性について深く考えた人の言葉にちがいない。最も大切に隠しておかねばならぬものを、絶えず露出しているとすれば、「汚れ」はおそらくそこで常住となるであろう。ギリシャ彫刻の裸体の一部に木の葉がついているが、あれは実は顔へつけておくべきものかもしれない。

人間の原罪は、普通考えるように男女の陰陽から起ったのでなく、自我の覚醒による顔の自覚から始まったのではなかろうか。顔の露出この不可避の運命が欺くことを考えたのかもしれない。鏡に向かって、自分の素顔をよくみつめてごらんなさい。心底から湧き起ってくるものは罪の意識だから。

顔は絶えず変化している。表情のない顔はない。発信器と受信器をそなえた微妙な機械のようなものだ。この機械を適当に調節し、表情にある構成をもたらすのが即ち化粧である。今日では化粧のない顔というものは存在しない。着物のない肉体がないように。口紅や白粉やクリームを塗ることだけでなく、頭髪を刈り、ひげをそるのも化粧で、それは程度の差こそあれ一種の芸術行為なのである。

性格や職業をこれによってあらわすことができる。たとえば芸術家などが、頭髪を乱し、無精ひげをのばしているのは、化粧と反対のように思われるが、これもまた反化粧的な化粧というべきで、ダンディズムのあらわれに他ならない。顔はもはや化粧からまぬかれることはできないようである。

これはある意味で正当なことだ。最も大切に隠しておかなければならぬものという意識は、人間から未だ消え失せていない証拠と考えられる。何故なら、化粧とは隠す術だからだ。それは顔に対する衣装なのだ。トルコの婦人が顔をヴェールで蔽(おお)うように、白粉や紅で蔽うのは至当の行為なのかもしれない。

しかし隠すことは、あらわすことだ。隠すことによってあらわすという芸術の秘儀を、化粧もまた本質としていると言ってよい。現代婦人の化粧の欠陥は、あらわすことに心を奪われて、隠すこととの綜合を忘れた点にあるのではないかと私は思っている。この場合欠点を隠すのではない。素顔のしまりのない過多な表情に対する抑制を言うのである。顔は化粧によって強調されなければ、たしかに顔にならないのであろう。しかし強調とは一つの限定を設けることだ。化粧とは表情に制約を与えることだ。裸体の表情に衣服を与えることである。

汽車の中で

汽車の中で、私の真むかいにひとりの若い夫人が乗っていた。長い旅路の涯(はて)であろう、その顔は疲労とほこりに汚れて、全くしまりがなくなっていた。素裸の表情は、ひどく散漫で無限度で、未だ人間の顔に成っていないようにみえるものだ。しかし到着駅に近づくにつれて、この夫人は様々の化粧道具をとり出して小さい鏡に向かって化粧をはじめたのである。まず薄くクリームを塗り、こな白粉をその上に軽く叩き、綺麗な刷毛で撫でるように頰紅をつけ、また口紅をほどよくひく。その動作は軽妙で器用で、小さな芸術行為をみるように興味あるものであった。鏡にあちこちを映して、満足を得るまで、つまりナルシスのように己れを愛することができるまで化粧するのだ。私は女の化けぶりを見るのは好きである。

　すっかり化粧が終ったとき、夫人の顔は急に生気をとり戻し、思いがけない美貌がそこに現出したのである。このとき美貌という感じをもたらしたのは何か。疲労した無限定の表情が、化粧によって限定され、ある意志的な慎ましさをあらわすとともに、愛情の巧みな所作に移ったからだ。即ち顔は適当な衣装をまとうたのであう。そして心理的にも肉体的にも疲労は消えたらしい。女にとって疲労を癒すに必要なのは、休息でなく化粧なのだ。話術も身ぶりも、あきらかに節度を帯びてきた。化粧が夫人を人間に立ちかえらしたのである。同時に乗りあわせていた私も疲労が回復したのである。

もしこれが欺き(あざむき)であるならば、一切の美は欺きであろう。美しく欺くべきであり、快く欺かれるに越したことはない。在るがままの素顔をみたいという欲望は、芸術の素材をみたいというがさつな好奇心に似ている、とそのとき私は思った。美の虚構に対しては、礼節をもたねばならぬであろう。生きることは芸術することだ。もし在るがままの素顔をどうしても見たいと思うなら、寝顔を見るがよい。だが寝顔ほど醜態なものはあるまい。たとえ恋人であってもこれは見ない方がよい。興ざめすること必至だからだ。

恋愛において顔は決定的な役割を果す。しかし顔は、それ自身として抽象的に成立するものではない。肉体と姿態、衣装と化粧によって顔は支えられている。巧みな化粧と衣装は、人の注意をそれらの効果を通して畢竟(ひっきょう)顔へひきつけるものである。この際、香料の作用も無視できない。香料は臭覚に快感を与えつつ、視覚を陶酔に導く。それは化粧の感覚的な演出である。こうして、欲情をその本来の狡智において捉え、これを上品な部分である顔へふりむけるのだ。美貌はこの全体の効果において考えられなければならない。

美醜の判断

しかし美醜の判断において、決定権をもつのはやはり愛だ。衣装及びその延長としての化粧は人に快い感じを与え、愛されることを目的としている。待つものの媚態であり、それは性の芸術的強調でもある。ここで必要なのは、言うまでもなく愛による発見である。恋愛の喜びとは美の発見の喜びであり、美の創造行為に入ることだ。

第三者からみれば平凡に思われる顔も、恋している当人の間では決して平凡ではない。第三者の気づかぬ美を発見しているからである。人は美貌をなかば先天的なものと思うのであろう。しかしこの先天性は磨かれざる玉に似ている。それ自身としては無意味なのだ。正しく言えば、美貌は愛し愛される人間の数だけ存在するといえると思う。美貌とは愛されたときの美貌なのだ。これは特に女性においていちじるしい現象である。

「人間は精神を一そう多く持つに応じ独自的なる人間の一そう多くいることを見出す。凡庸の人は人間のあいだに相違を見出さない」（パスカル）

美貌もまたそうである。精神の大なる量、才能あるものは、人に知られぬところに一層多くの美を見出すのである。見出されて、これを自覚せしめられたとき、女がそこへ向かって化粧をこらすのは当然である。こうして美貌は創造されるものなのだ。

美は唯一者の独占によって成立し、また独占欲を誘うものでなければ美とは言えない。何が美貌か。これを多数決で決めることができるであろうか。美の世界では、政治の世界のように、多数決が必ずしも真実をあらわさないのである。だから投票などによって決められたある時代の代表的美人なるものを、私は信用しない。代表的美人なるものは実は存在しないのだ。私はそうして選ばれた女性が、代表の名を与えられるとともに、急速にその固有の美を失って行くことを知っている。誰からでも愛されるということは、誰からも愛されないということだ。多くの人に共通した美感は、それだけ平均化され抽象化される。多数決とはつねに抽象的なものだ。代表的な美人とは冷いものである。

「多く誉められもし、多く毀られもしたヘレナ」（『ファウスト』第二部）

　これが古典的ギリシャ人の夢みた美女の相貌である。これが美の運命である。誉められただけでは駄目なのだ。それと同じほどけなされなければならない。誹謗のない美とは、誰からも愛されたことのない美だ。美の創造とは非難への抵抗から生まれる。抵抗の原動力となるものは、いうまでもなく愛し愛されているという事実だ。美貌は固有性において発見さるべきものであるかぎり必ず非難を伴う。毀された美を愛するものこそ、真に愛しているものではないか。

　ところが大都市の生活においては、美醜の判断はひどく錯雑した状態におかれる。固有性は、流行のトップという固有性の反復強調によってついに失われやすいのだ。青春の男女は、自分の顔について様々に妄想するものだが、妄想の性急さから化粧のデカダンス状態が起りがちである。都会の女性の化粧があくどく低趣味と言われるのはもっともだが、元来これは化粧自体の罪ではない。化粧はカメレオンのように、周囲の色彩に応じて変化するものだ。背景を眺めておく必要があろう。

都会の強烈な光線、あくどい看板彩色、雑音や騒音のなかに住めば、人は反抗的に一そう自己を強調し、しかもその速度は次第につよまり、刺戟は刺戟をよび、ついには中毒症状を呈するであろう。近代都市の極彩色を背景としたとき、あの真赤な口紅や、けばけばしい衣装ははじめて可能となる。こうしなければ都市風景の一点たらしむることはできないのだ。心理作用として、誇張と濫用は必至となる。化粧が化粧するのだ。そしてその極点においては、あの醜い寝顔の素裸に逆転して行くという事実に留意しなければならない。つまり表情の無限定な散漫さが、化粧そのものの上にあらわれてくる。

いわゆる女の化粧は、愛情の独占欲の放棄に基いている。愛情と性欲の分散による消耗度が化粧をますますどぎつくし、限定と節度を失わしむるのだ。明らかに危機である。しかし人は危機に慣れてゆく。のみならずここに現代の異様な美貌を錯覚するのかもしれない。とくに夜の光線の中では性の挑発力は、美醜の判断を狂わせるのである。

美貌の先天性

美貌は先天性にのみよるとは言えないが、しかし血統を無視することはできない。民族や家の長い伝統の所産で、一朝一夕に成立つものではないという見方には根拠があるのだ。たとえば川端康成の「末期の眼」（随想）の次のような一節を思い浮べてみよう。

「芸術家は一代にして生れるものでないと、私は考えている。父祖の血がいく代かを経て、一輪咲いた花である。例外も少しあろうが、現代日本作家だけを調べても、その多くは旧家の出である。婦人雑誌の流行読物、人気女優の身上話や出世物語を読むと、だれもかれも、父か祖父の代に傾いた名家の娘というがおきまりで、根からの卑賤に身を起した娘など一人もおらず、よくもこう似たのが揃ったとあきれるが、映画会社のおもちゃの人形みたいな女優も芸だとすれば、あながち虚栄と宣伝のためのつくり話ばかりでもないのであろう。旧家の代々の芸術的教養が伝わって、作家を生むとも考えられるが、また一方、旧家などの血はたいてい病み弱まっているものだから、残燭の焔のように、滅びようとする血がいまわの果てに燃え上ったのが、作家とも見られる。既に悲劇である。作家の後裔が逞しく繁茂するとは思えぬ」

ここに言う「芸術家」「作家」という言葉を、美貌という言葉におき代えてみたらどうか。美貌の由来するところと、その運命もまた同様ではなかろうかと思われる。映画女優の美貌などにこれが最も端的に示されるようだ。むろん先天性依存を意味するものではない。作家が作家になるのは芸術の修練であるごとく、映画の美貌が美貌としてあらわれるのもまた芸の力にちがいない。監督の発見と創造によるのだ。しかしその素地としては、右のような背景を考えておいてもよさそうだ。

古代のギリシャ彫刻をみるたびに私は考えるのだが、あの神々の風貌は、今日のヨーロッパにも何らかのかたちで生きつづけているにちがいない。ギリシャ彫刻の美貌は、当時のギリシャ人の夢を宿しているであろう。後代の芸術家が、その夢を追って再生を願うのはいのちの悲しき祈念と言える。芸術家のみではない。後の世の人間が、自己の肉体や容貌を、古代の神々に似せようと努めることは当然で、そういう美の祈願が伝わり伝わって、子孫の上に結晶するということは、生の不思議にちがいないが、ありうることだ。美貌はたしかに生の秘密を物語る。祖先代々の美的教養は無視できないのである。

これは東洋についてもいえる。東洋における美貌は、観世音菩薩像にその最高表現を得ている。我々の祖先は、この菩薩の前に、美貌の子を授けたまえと念じた。観世音はその祈願に応じて必ず美貌の子を授けるであろうと経文にもかいてある。人間のこうした祈りや夢や美への愛を思うことなしに、私は美貌を考えることはできない。美貌は肉体的意味での先天性によるのでもなく、また化粧のみでもない。根底には血統として、信と美へのあこがれが隠れているようである。発見も創造も、おそらくこの秘密をさぐることによって完全なものとなろう。

しかし容貌の衰えほど迅速なものはない。美貌とは無常なものだ。たえず流動する表情の裡に、ふと意外の醜さを発見することがあり、思わぬ美しさを垣間見ることもある。だが美は瞬時であって、老醜の影のみ意地わるく刻印されがちなものである。世に美しいといわれる女でも、その輝きを発揚する日はいくばくもないであろう。そういう刹那を、偶然にせよすばやくとらえるのが芸術の願いといえる。瞬時の美を永遠化しようという妄執の業である。だが生身の人間としては、これは不可能なのだ。美貌はやがて消え去る。悲嘆の歌を残しながら。山上憶良(やまのうえのおくら)の一節にもあるように、「か黒き髪に、いつの間にか、霜の降りけむ、くれなゐの、おもての上に、いづくゆか、皺かき垂りし」(『万葉集』巻五)ということになるのである。

美貌の人に向かって、前途を祝福するのは皮肉なことではないか。美貌には未来はないのだ。しかも人は唯このもののために迷う。

男と女がたどる永遠の課題

性の妄想

男性にとって、美人とはまた性の妄想にむすびついたものである。あるいは性についての想像力によって抱擁されている存在だと言っていいかもしれない。女性は心得ておく必要がある。およそ美人と思われたときそれは男性の眼によってはだかにされ、犯されていることを意味することを。またそれをそそのかすような要素が、あらゆる娯楽の中にある。性的想像力が今日ほど刺戟されている時代はあるまい。しかしこのことは、必ずしも美的享楽と性の認識の発達を意味しているとは言えない。今日ほど性が露骨に語られながら、性のほんとうのすがたの見失われている時代はないのではないか。これも私の近来の持論である。「隠れる」「隠す」要素が少ないために、つまり露骨とどぎつさのために、快楽の味はかえって減退している点も見のがしてはなるまい。

それと同時に、性をめぐって、逆の想像力の減退していることも私は注目したい。たとえば谷崎潤一郎氏の『少将滋幹の母』の中に、不浄観という仏教上の行(ぎょう)が出てくる。いかなる美女も、死ぬと腐乱し、うじ虫が湧き、一塊の白骨と化するものだ。夜陰の墓場で、若い女の死体と対座し、凝視することで、性の妄想からさめようとする行が描かれている。この根底に無常観をおいてもいいが、美人に接したとき、こうした想像力を、性的想像力の反対物として、性的想像力そのものとともに併せ抱いている必要があるのではなかろうか。

半裸体の美人を前にし、眼がくらみ、妄想におちいりそうなとき、同時にそこからさめる方法も心得ておかなければ、身がもてないということだ。また美人と思いこんだ美人を、すべて手に入れることができる筈はないし、ただ眼で犯すようならば、せめて心の中で不浄観を行じ、多少ともあれ解脱を心がけるのは、美人へのエチケットではあるまいか。

性的想像力のみが刺戟されて、死の想像力の衰えたことを、私は性的想像力のためにも遺憾に思うものである。この対立物の、はげしい対立相剋によって、それぞれの鮮明な情熱と化するのではなかろうか。美人の性を強調するなら、美人の醜と死をも強調すべきだ。

たとえば、ふと美人に出会い、心ときめき、妄想におちいったとき、その美人を想像の中でやにわに老婆の姿と化し、シワがより、鼻みずが流れ、あさましく欲ふかげにさまよう老醜の姿を思うべきである。あるいは疲れはてて、寝ているときの寝顔を想像すべきである。口中より臭気を発し、ウワゴトを言い、歪んだ口からよだれを垂れ、歯ぎしりなどしている情景を想像すべきである。あるいは頭髪の一本もないグロテスクな顔を思い浮べることで、美人の実体を想像のうちに直視することだ。それはこの際、余計なつまらぬことだと言うかもしれないが、やがてこの想像は現実と化するのである。

昔から言われた通り、美人とは本質的に言って薄命である。年齢のことではなく、「美人」であることの期間は短く、美貌とは一種の不幸だという当然のことを私は言っているのである。だからこそ逆に、美貌に対して激しく心ひかれ、また讃美する気も起る。妄想と知りつつ、妄想のとりこになって悔いない気持も起るという次第である。

美人に対する態度

美人に対する態度をつきつめてゆくと、結局は、思想の問題にまで直面するようである。いまの仏教の不浄観などもそうだが、宗教的態度と異教的態度と、二つあるようである。思想の問題などというと、この際はなはだ無粋のようで恐縮だが、要するに美人に対する禁欲的態度と快楽的態度と、この双方が歴史の中にもみられるように、ひとりの人間の中にも矛盾して存在するということだ。

「美人であるという幻想が、完全に人の心を領することがあります。何という驚くべきことでしょう。美しい女性が馬鹿なことを言っても、それが馬鹿なことに聞こえないで、賢いことのように思われるものです。美しい女が下劣なことを言ったりしても、何か愛嬌のあることのような気がします。ところで、その女が馬鹿なことも下劣なことも喋らないで、しかも美人であったら、われわれはすぐたとえようもない賢女で貞女だと思いこんでしまうものです」

トルストイの『クロイツェル・ソナタ』の主人公の言葉である。この作品をかいたとき、トルストイは潔癖なキリスト教徒——禁欲主義者——として振舞ったわけで、「美」を敵視してさえいた。「美人」の「美」がそのまま「善」だと思いがちな錯覚の空しさを説いている。「美人」であることが絶対であり、美人なら馬鹿でもいいではないか、これが男性の性的妄想というものだ。晩年のトルストイはそれを罪悪だと断じたのである。

「恋は理解力とは関係はない。われわれが若い女を好くのは、理解力とは全く別のもののためだ。女の美しさ、若さ、おどけたところ、愛想のいいこと、性格、短所、気まぐれ、その他の言いあらわせないことを好くが、女の理解力を恋しはしない。もし女の理解力がすぐれていたら、それを尊敬する。またそのために娘はわれわれに無限に尊くみえよう。すでに恋しあっていれば、その理解力はわれわれをつなぐ役にも立とう。しかしチャームし情熱をおこさせる力は理解力にはない」

これはエッカーマンに語ったゲーテの言葉である。トルストイなら「馬鹿なこと」と言いたそうなその点に、ゲーテは女の魅力と恋の原動力をおいているわけで、これはあきらかに異教徒的態度である。若く美しい女性を、愛玩用として眺め、性の対象として喜んで鑑賞する性癖が男性にあるが、潔癖なキリスト教の立場からすればむろん罪悪であり、ギリシャ的異教の世界からみれば性の快楽である。仏教では、さきに述べたような不浄観、無常観が作用してくる。

美人美人と簡単に言うけれど、根源までゆくと、このような思想問題に直面するわけで、共産主義の場合なら、またその美人観が成立するだろう。私は共産主義的美人観といったものにおめにかかったことはないが、ストイックである点でそれはキリスト教の立場に近いのではなかろうか。同時に国家とか人民への奉仕のうちにあらわれる献身の美徳が、美人の第一条件となっているのかもしれない。

美人の標準

各時代によって美人の標準というものがあったろうが、カメラも映画もなかった昔は、どうであったか。たとえば、「天平美人」という言葉がある。髪がゆたかで、顔は下ぶくれにふくれて、たっぷりした肉感性をもった女性が、正倉院御物の「鳥毛立女屏風」などに描かれているが、言うまでもなく中国（随・唐）の俑（土でつくった人形）の系統である。当時の人がこれを美人の典型としてみとめていたかどうか、そこまではわからない。長いあいだ保存されてきたので、今では「天平美人」などと言うが、私たちからみて必ずしも美人とは言えない。

しかし芸術上の作品を、模倣することはありえただろう。美貌は、芸術作品にあらわれた美貌模倣から始まる、と言っていいかもしれない。彫刻や絵画だけでなく、たとえば『万葉集』の恋歌のしらべから、美貌についてのあるイメージを抱き、微妙にそれが心に作用するような場合もあったろう。

江戸時代になると、周知のとおり「浮世絵美人」があらわれるが、その虚構の美を、江戸の人妻や娘たちは模倣したことも考えられる。そこに描かれた髪の形とか、衣裳の色彩とか、身体の曲線などを、それとなく真似たり、あるいは浮世絵のもつ雰囲気によって情緒的にそそられる場合もあったろう。歌麿のように、江戸第一といわれる美人をモデルとして、理想化した場合もある。美人はここではじめて一種の永遠性を得たわけだが、しかし今日では、美人は美人としてもはや絵画の対象になることはなくなった。舞踊や演劇、とくに映画とカメラの方へ移り、その驚くべき普及によって、美人の標準が提供されるようになった。

これは一大変化と言っていいだろう。つまり美人が動的な、瞬間的なかたちでとらえられるようになったということだ。静止し、定着させられた美人というものは、本質的には消滅しつつあるのではなかろうか。同時に、顔だけでなく、四肢や胸や胴体の美、つまり裸体美が主要な役割を果すようになった。その裸体美も、静止的でなく、舞踊性を加えられることで、一層魅力を発揮するように迫られつつある。明治になって洋画や彫刻の写真が入ってきてから、私たちは裸体美にめざめたわけだが、その自由な公開陳列は戦後になってから、裸体美の鑑賞という点では実に日が浅いのである。

東洋芸術の中には、元来裸体の伝統はなかった。その代り、長い衣——羽衣——のひるがえるあいまから、わずかにのぞかれる胸や四肢の肉づきが、天女風に抽象化され模様化されて発達してきた。「隠す」ことで「ほのめかす」芸が追求されてきたと言ってもよい。浮世絵の、いわゆる「あぶな絵」のようなものでも、衣装の色彩のなまめかしさが大きな役割を果していて、全裸というのはない。

ギリシャ以来、二千年以上にわたって裸体美に慣れてきた西洋とは、この点よほどちがうと思う。美しい裸体が美人の必須の条件となり、それが鑑賞の対象になったのは、日本ではごく最近のことだ。ことによると私たちは、美しい裸体というものを、まだほんとうに味わっていないのかもしれない。画家におけるモデルは別として、ヌードやストリップは普及したものの、「性的刺戟」としてうけとられがちで、沈着な美意識をはたらかせるところまでは未だいっていないのではなかろうか。

こうした点では、やはり西洋の彫刻などに学ぶ以外にあるまい。ロダンの作品などは、美人鑑賞の場合の、ひとつのよきお手本となるのではなかろうか。現在は映画とカメラが裸体美を追求しているが、コンクールの場合も、もし厳密に考えるなら、美人候補者は全部まるはだかで登場するのがほんとうであろう。

美人の条件

美人の条件として裸体美とともに、もうひとつ見のがしえないのは感覚である。私たちは小説の中に「美女」を感じることがある。もし永遠の美女がありうるとすれば、それは物語の中で巧妙に虚構された幻影の永遠性だと言ってよかろう。こうした例は東西の文学作品に少なくない。私たちの感覚で受けとめて、自らのうちに幻影を確立するのである。

同時に興味ふかいのは、歌人でも詩人でも小説家でも、作者が女性の場合、すぐれた作品を残したときは、その作者たる女性はさだめし美人にちがいないという錯覚を抱かせられることである。たとえば紫式部は醜女であったという伝説がある。真偽のほどはわからないが、しかし『源氏物語』を読んだ人なら、紫式部を醜女と思いたくないであろう。万葉の女流歌人を例にとっても同様だ。美人にちがいないというイメージが湧いてくる。つまり恋愛歌とか『源氏物語』という作品の美が、作者の容貌を決定するということだ。たとい錯覚であっても、美しい錯覚としてこれは尊重すべきではなかろうか。

このことは現代の女流作家にもあてはまる。本人がどのような御面相をしていようとも、その作品を読んだ人は、この作者はきっと美人にちがいないと思うように、そう思わせるように創作することは、女流作家のひとつの特権である。

作家だけではなく、一般の女性も、そのように自己を訓練することはできる。感覚の訓練である。つまり微妙なことに対して鋭敏であるかどうか、ニュアンスに対して感覚的反応が鋭いかどうか、そういう点で美人たる内的条件は確立される。音声や言葉づかいや手紙などに、何げなくあらわれるこの感覚的要素は、肉体美とともに重んぜられるべきであろう。

美人コンクールが、もし厳密であろうとするなら、まるはだかも必要だが、感覚の審査も必要だ。それは女性の魅力の大切な要素である。美人とはこうした感覚上の魅力の所有者だと言っても過言であるまい。その認定は、作品の評価と同じように各人によってちがうし、困難なのも当然である。

輝くばかりの若さと美しさにあふれていたとしても、ひとたびその女性がズーズー弁などを発すると、いささか興ざめするものである。いや方言はゆるせるが、ふとしたハズミに、粗雑なふるまいや、下品な言葉などを発すると、美人と思っているだけに失望落胆は激しい。逆に手紙などを通して、感覚的に実にゆきとどいた、その意味での美貌を感じても、いざ会ってみると、失望落胆するような場合もある。

妻というもの

「妻（め）といふものこそ、おのこ（男）の持つまじきものなれ。……いかなる女なりとも、明暮添ひ見んには、いと心づきなく、憎かりなん。女のためも半空にこそならめ。よそながらときどき通ひ住まんこそ、年月経ても絶えぬなからひともならめ。あからさまに来て、泊り居などせんは、珍らしかりぬべし」

『徒然草』百九十段の一節である。兼好の結婚観が述べられているわけだが、このことは美人についても言えるであろう。美人と断定し、恋愛し、結婚しても、朝夕同居して眺めていたならば、気に入らないことも出てきて、ついには憎くなるにちがいない。女にとっても、心おちつかないことになろう。互いに別居して、時々通い住んでこそ、年月を経ても絶えぬ交りをつづけることができるというものだ。ふとやって来て、とまったりなどしたら、めずらしいことであろう。これが理想の結婚型態かもしれない。

ふとした行きずりとか、あまり深くない交際とか、酒席や、舞台やスクリーンなどを通して、他人の「美人」を感ずるのは、日常生活を、ともにしていないからである。また子供と同じように、他人の「もちもの」がうらやましくみえるということもある。映画演劇に従事している男性は、私たちとちがって、美人に見あきて、感動はそれほど起らないかもしれない。むしろ片田舎などに何げなく暮らしている女性や、職場で無心に働いている人の中に意外の美しさを発見するだろう。

私のように家にとじこもって原稿をかいている人間などは、時たま美人コンクールなどをみると、眼がくらむようである。映画をみてもめまいしそうである。酒場などの、薄暗い電灯のもとでは、女性という女性が全部美人にみえることもある。また「若さ」ということが決定的条件で、「若さ」即ち「美人」と思うこともある今日では雑誌という雑誌は、必ずと言っていいほど若い女性の写真をのせているので、やむをえず不浄観を行じたりするが、しかし、これこそ確実に美人だと断定し、しかもその感じが永続するということは、ありうるだろうか。

造型芸術や文学の上ではありえても、現実にはそういう美人は、存在しないのではなかろうか。いや存在しているにちがいないのだが、その存在とは、男性の妄想にすぎないのではなかろうか。妄想を楽しんでいるのである。もし確実に、自分の手に入れたとしたならば、その刹那に美人というものは、幻のように消えてしまうのではなかろうか。

昔、ある若者が山の中の温泉宿にとまり、深夜に洞窟の底のような湯つぼに入ってゆくと、そこに美しい裸女がひとり湯につかっていた。妖しくなまめかしい姿態で若者を誘惑したので、彼は毎夜のように湯つぼに通うようになった。ところがある日、村の人がのぞいてみると、若者は骨と皮ばかりの死体となって湯つぼに浮んでいたという。その美しい裸女とは、蛇の精であったという伝説を、私はある作品で読んだことがある。おそらく美人というものはすべて、自分では自覚せずに、蛇の精となっているのではなかろうか。魔性をそなえているのではなかろうか。やがて美人という外観は幻のように消え、男性は一種の死体となるのではなかろうか。

教養ある女性への道

「教養」という言葉

「教養」という言葉は様々に解されるだろうが、その端的なあらわれは、要するにその人の言葉づかいに見出されると思う。これは私のいつもくりかえしている持論だが、言葉は精神の脈搏のようなものである。その人が言語表現にどの程度に心をこまやかに使っているか、それをしらべてみると、その人の精神状態はすぐわかるものだ。女性でも男性でも同じことで、精神の脈搏が正常に脈うっているときが一番健康だし、美しいにきまっている。

学問があるとか、本をたくさん読んでいるとか、それも大切だろうが、それらがどの程度に消化されているか、結局は日常の言葉づかいのうちにあらわれるものである。不消化な言葉を使っているときは、決して人を感動させないし、教養をおもてにあらわそうといった虚栄心は、すぐ見破られるだろう。

私はごく平凡なことを考えているつもりだ。日常における感動とか、心のなやみとか、誰もが経験しているところから出発する以外にない。自分の感動の内容をまずしらべてみることだ。世間でどんなに騒がれても、自分はすこしも感動しない場合が多い。強いて感動を粧（よそお）うと、言葉はたちまちうわずってしまう。

言葉を発するとき、一番根本になるのは感動からきた沈黙である。たとえば音楽でも読書でも芝居でもいい。ひどく心をうたれた場合をかえりみると、そこには必ず沈黙がある。感動が深ければ深いほど、私たちは言葉を失うものだ。人間にとって最も大切な経験とは、言葉を失う経験である。どう表現していいか、迷ってしまって、結局は黙ってしまう以外にないような経験を誰でももっているだろう。それが言葉の母胎であるとともに、教養の始まりである。

心の中で、あれこれと思いめぐらし、心のなかでかみしめながら、沈黙の苦しさに堪えているとき、そこに対象の消化が起るわけである。感動の消化は沈黙のうちに行なわれる。それは外部からみえないから、誰も気づかない。しかし世の中には、いかに多くの沈黙に堪えている人がいるか。それを思うべきである。

人と人とのむすびつきは、言語表現を通じて以外にない。黙っていたら、お互いに何もわからないのは当然である。しかし、たとい口に出して言ってみても言いあらわしきれない沈黙の部分は必ず残るものだ。それをこまやかに推察しあうところに、まことの愛情があると言ってよかろう。人間はそれによってむすびつくのである。

教養の端的なあらわれは言葉づかいのうちにみられると言ったが、それは同時に、表現しきれない沈黙への思いやりのうちにあらわれると言ってもよいであろう。たとえば、二、三人が集（つど）って話をする。話がすこしでもこみいってくると、たちまち言葉につまるものだ。そのとき粗雑な神経をもつ人は、相手が言葉につまったところに乗じて、断定しようとする。相手が言いたいと思っても言えずにいる沈黙の部分を推察しようとしない。つまり思いやりがないということは、これが無教養の最大のしるしです。

無教養の人

無教養の人は、たとい学問があり、読書ずきであっても、必ず神経が粗雑なものである。そして神経の粗雑な人間にかぎって、勝利者のように振舞うことがしばしばある。

私はたとえば女性の読書などをみていて、心配なことがある。ある小説のストーリーとか、主人公の運命についてはよく語るが、作者が「いかに」表現しているか、表現の苦心については全く注意しない場合である。これは女性だけでなく、今日の読書論の大きな欠点と言っていいだろう。「何が書いてあるか」だけをとりあげて、「いかにかかれているか」を不問に附するのである。

小説はストーリーからのみ成るものではない。主人公の行動だけが問題ではない。小説は細部の描写から成り立つものだ。何げない会話のはしはし、草木のゆれ具合、雨の音、そんな小さなことの表現のつみかさなりの上に作品の雰囲気が生ずる。「てにをは」のちょっとした使い方で、雰囲気は変ってくるものだ。そこでの作者の苦心を考え、細部において楽しむ人が、ほんとうに小説を楽しむ人だと言ってよい。教養の有無は、こんなところにもあらわれるものである。もっとも作者の方が無教養のため、細部への微妙心などなくしている場合もある。

また小説を身の上相談のように読む人がある。そういう要素のあることはたしかだが、一番粗雑な読み方と言っていいだろう。何か「ためになること」を小説から得ようとするからだ。小説から何か教訓をひき出そうとする心がよくないのだ。即効をのぞんで、まるで貯金でもするように読書する人がある。頭のなかにためておきたいらしい。受験生ではあるまいし、忘れたっていいではないか。教養は貯金ではない。

昔の女性には、様々の束縛や重くるしい習慣があったかもしれないが、いまでも私がひとつ大切だと思っていることは、彼女たちが歌をよむことを教養の大切な部分と考えていたことである。自分でつくる場合もあろうし、ただ歌をよむ場合もあろうが、それによって言語表現の微妙さに通ずるよう訓練をかさねてきたこの習慣を、私は尊重したい。

現代なら詩でもいいのだ。「詩」という意味を拡大して、それを小説とか音楽とか、映画のうちに求めても差支えあるまい。詩は説明しつくせないものをもっている。定義もできない。私たちはその魅力に翻弄されるだけだ。そして言うべき言葉を失う。この、魅力に翻弄されるという経験ほど大切なことはあるまい。そこで沈黙を迫られるときの幸福というものがあるはずだ。

現代は饒舌の時代である。表現の自由のもとに、余計なおしゃべりをしている場合が多い。何か即刻言わなければ、間にあわぬといったスピードの時代でもある。感動をひそかに心にしまって、長いあいだ心の中で味わうといった時間を失いつつあるのが現代人である。だから言葉が粗雑になるのだ。こんなに教養の材料がありながら、教養の失われている時代はないのではなかろうか。すべて氾濫するということは危険なことである。

私はもうひとつ別の面から考えてみよう。男女とも一番気にするのは自分の顔で、化粧の集中するのもここである。むろん服装とか、自分の顔なるものを一体どう始末すべきか、ここで人々は最も苦心さんたんするのである。

しかし森鷗外は、その子供たちに言ったそうである。親からもらった顔を、そのままぶらさげていてはならない。人間は成長するにつれて、自分で自分の顔をつくらなければならない。自分の顔に責任をもつべきだと。

先天的な要素もあるが、後天的な点もたしかにあるだろう。つまり心の変化とか成長によって、人間の顔は変わってゆくものだ、と鷗外は言いたかったのであろう。

大へんな美貌といわれる女の人でも、何かひどい苦労をしたり、心にゆがみができたときは、たちまちやつれるものである。あるいは眼がとげとげしくなったり、意地わるく輝いたり、狐のようになったり、ぞっとするような場合はいくらもある。また自分では生まれながら醜いと思っていても、心のもち方の美しさのために、澄んだきれいな眼のもち主となり、柔和な感じを与える人もある。

そういう人にかぎって、自分を誇示しない。自分をことさら目だたせるような化粧はしない。むしろ地味な、あっさりしていて、よほど注意しないと、その人の美しさが発見できない場合が多い。実はすべて「美」というものは、隠れて存在し、発見されることを待っているものである。誰にでもすぐ目につく美しさもあるが、目につきやすいものほど、あきられることも早いであろう。

たびたび述べてきたようにすべて愛情とは、隠れた美を発見する能力のことを言うのである。第三者からは容易にわからない隠れた美しさを見出すためには、愛情がなくてはできないし、恋愛はここにのみ成立する。それこそ教養というものではなかろうか。

今日の若い男性は教養程度が低くなったので、目だつものにしか心をひかれない。発見する能力を失ったのだ。女性もまた教養程度が低くなったので、目だつようにしか化粧しない。一風変った身なり、人の目をひくものを「個性的」と錯覚しているらしい。さもなければ流行に盲従しているだけである。隠れた美しさの発見を待つという心がないのである。婦人雑誌のスタイル写真がこれに拍車をかけていることは言うまでもない。

最上の化粧とは、自己をあらわにするのではなく、自己を隠すための化粧を言うのである。それは美しさのために、愛情のために大切なことなのだ。

性の氾濫時代

しかし今日では身体全体のスタイルが問題になり、とくに肉体の美しさが尊重されるようになった。それは当然のことだが、そのために脛とかひざ小僧とか、股までちらつかせ、力が下の方へ集中して、逆に頭脳の方が留守になり、顔はますます白痴化してきていることに注意したい。男性もまた白痴的女性を好むようである。すらりとした脚線美に気をとられて、顔をよく見ないらしい。いや、見ても、白痴的化粧に惑わされて、またも下部の方にしか眼を向けないから、結局女性の正体をとらえることはできないのである。まんまとゴマ化されるのである。
「男女同権」がとなえられている今日ほど、女性が男性の性の奴隷になっている時代はないのではなかろうか。性の追究は、東西古今の芸術の主題だから、そのことは差支えないが、しかし男性の性を満足させるために媚態を工夫し、そのためにのみ化粧するようになったとしたら、それは女性の屈伏であろう。換言すれば、女性の性が、今日ほど商品化した時代はないということでもある。

私たちは性の氾濫のなかで、実は性のほんとうの美しさを見失っていると言っていいかもしれない。性とはひとつの思想なのだ。これも東西古今の芸術をみればわかることだ。あるときは信仰とともに、あるときは美意識とともに、あるときはその間の動揺とともに、制作者たちがどんなに苦労してきたかをみればわかることだ。そこに個々人の無限の神秘があるからこそ性の探求に終りはない。

美しく粧(よそお)うだけ深く傷つき、結局は人間の生死にからみついてくるからである。男の欲望と女の不幸とが、どんなにくりかえされて語られてきたか。性は性だけで終るものでなし、男女の生全体にからんでくるから問題は複雑なのだ。今日の性の氾濫とは、こうした現実からの逃避であり、ある場合には麻痺剤である。それが映画とかその他の娯楽にかける一瞬の刺戟で終るならいいが、その刺戟は眼にみえないかたちで私たちの心に蓄積され、日常の生活を歪めてゆく場合が多いのである。

思いつめた窮極にある真実の姿

教養というと、いかにもしかつめらしく、私たちはすぐに本を思い出したり、様々な高級な芸術の鑑賞とむすびつけて考えるが、もっと日常的なものだ。さきに述べた平生の言葉づかいとか、化粧とか、性への態度とか、そういう日常性にむすびついてあらわれるものであり、起るのである。

性についての知識といえば、今日では性技術についての知識を意味するようになった。それを不必要とは言わないが、もっと大切なのは性についての教養であろう。それはいま述べたように、人生の全体に関係してくることだ。同時に、隠れた美しさを発見するこまやかな感情とか、いたわりとか、言わば美の作法にも関係してくることだ。

最もよい性教育とは美的教育のことで、これ以外に方法はないのである。たとえば古い例だが、平安朝の女性や男性にとっては、『伊勢物語』や『源氏物語』を読むことは、こうした教育的意味もあったろう。むろん個々の場面を楽しみながら読んだにちがいないが、同時に人生について深く感じるものがそこにあったはずだ。男の一生、女の一生を、様々なかたちで思いふかくみつめたにちがいないのだ。性と生とが密着したかたちで進行し、だから当然のことだが死の問題にも絶えず直面しているのである。そこに思想が発生した。

思想とは、などと言って、これもものものしく考えてはならない。それは思いつめる能力のことである。たとい無学文盲の女の人でも、男にふられて、生きようか死のうかと、思い惑い、思いつめているとき、その人は思想家としての基本的条件はそなえているということだ。教養という言葉をここで使うならば、教養の有無を決するのもこうした場だと言って差支えあるまい。だから私は日常的なものだと言ったのである。愛する場合にせよ、死を思う場合にせよ、思いつめて化粧したことのある女性は、自分で自覚しなくても教養ある女性だと私は言いたい。

第四章　快楽と求道をめぐって

苦しみ困難を克服する言葉
——幸福を求めて考えるとき

苦痛を伴わない「悦び」はない。
不幸に抵抗しないところに「幸福感」はない。
障害物の大きいところほど、羽ばたきの音は大きい。

生命の意味を発見する時

快楽の原型

快楽の原型ともいうべきものが仮にあるとすれば、それは登山と水泳ではあるまいかと私は思っている。

どちらも自然の肌に、じかに自分の肌を接触させ、自然の裡に同化しうるその純粋性という点で似ている。もっとも裸体で登山する人間はいないが、私は登山の核心は岩石と肉体との格闘だと考えているわけで、これについては小さな経験を述べておきたい。

数年前の夏、私ははじめて八ケ岳を縦走したが、最初に登ったのは赤岳のどてっ腹の断崖であった。茅野から三里ほど奥に、行者小屋という小屋がある。そこから急激な山道を登ってゆくと、わずか五十メートルほどだが草木の一本もない断崖絶壁にさしかかる。経験のない私は無知のつよみで、若い友人や子供たちとよじ登ったわけだが、あと十メートルほどで頂上というところで、死の恐怖におそわれた。私の身体が宙に浮んで、山からはみ出しそうに思われたのは、脚下二百メートルもあろうかと思われる断崖を見下ろしたときであった。言うまでもなく墜落の恐怖である。私は足場をたしかめ、次の手がかりになる岩を指でさがしながら、文字どおり岩にへばりついたまま進退きわまった恰好であった。

はじめての経験だが、一本の草木もない岩石だけというのは、実に恐ろしいものである。登山の写真など見ると、綱一本に生命を託して、足場のないところに足場を求めながら、ほとんど垂直のような絶壁をよじのぼってゆく図があるが、一体何が面白いのか。スリル感とか、頂上に立ったときの爽快な喜びとか、それは想像されるが、登る身になってみれば、要するに岩石の肌と我が肌との摩擦格闘である。鼻先にある岩石だけが問題なのだ。そして「私」だけが問題なのだ。「石は天地の骨」とは中国の造園術の一原理だが、登山とは巨大な骨に登ることではないか。巨大な無生命に、自分の生命を接触させることだ。換言すれば「造型化された死」に登ることだ。マナスルだってこの点では同じではなかろうか。岩と氷雪に向かって、肌をすりつけること、言わば「死」とじかに交わり、むき出しの強烈なエゴイズムを実感することではなかろうか。

雪舟の絵

雪舟の絵に、洞窟の中で面壁(めんぺき)しているだるまの図がある。あの岩石の描写ほど凄いものはない。重層を成した岩石は渦巻き、あるいは鋭い樹氷のように垂れさがり、それだけで一つの恐怖を創造しているように見える。だるまは多分、登山中なのかもしれない。岩に面したり、石の上に坐るのが昔の禅僧などの修業であったらしいが、無生命なもののあの冷たさが、生命あるものに、改めて生命の意味を自覚させるのかもしれない。岩石は抵抗の対象であり、また没入の対象であった。エゴの覚醒とその放棄との同時存在の場であった。

ここに快楽という言葉をもち出すよりも、むしろ求道といった方がよさそうに思われるが、もともとこれは二つのものではない。登山もそうだが、つまり、意志をためす大障碍物を眼前に設定するということが先決問題だ。それのないところに快楽もなく求道もない。そしてどちらも、その原型においては赤裸々な自然に対する肉体の行動である。厳粛な自制による死への接近の冒険である。

快楽とは、ほんとうは結果の思い出にすぎないのかもしれない。山上に立ったときの大風景の眺望や、下山したときの快い汗が、あの岩石を忘れさせる。一番大切なものを思い出は欺(あざむ)くようである。登山家に向かって、あなたは一体何のために登山するのかと問うても、返答に窮するだろう。快楽を説く人に向かっても同じことだ。「結果の思い出」を語るにすぎないだろう。同時に、一番伝達し難いものの中に快楽の秘儀のあることを知っているだろう。

洞窟で坐禅する人はしばしば目的を語るが、しかしほんとうは無目的なのである。求道者は求道の目的を語るが、それは真の求道ではない。「無求の求」という言葉がある。本来は無求なるものである。だからこそ好んで無生命の岩石を選ぶのではないか。巨大な白骨に登り、巨大な白骨の洞窟に坐して、つまりは「虚無」に入りこむのである。「虚無」の肌に自分の坐を合せるのである。

もうひとつの原型

快楽のもうひとつの原型として、私は水泳をあげた。私は北海道の海辺で育ったので、小学生になる前から泳ぐことは慣れている。しかし「海」と「波」の意味を、はっきり私に示唆してくれたのはヴァレリイの『地中海の感興』であった。自分の裸体をはじめて自覚し、しかも波によって翻弄されつつ一つの柔軟性を感ずるとき、人は性の快感の根本を味わうと言ってよかろう。海中で戯れるときの「軽み」の姿体は、言うまでもなく波の浮動力によって支えられているためだが、あの自在のうちに愛撫の快楽の夢がある。真夏の海に泳ぐ若い男女は、自覚せずに性の秘儀を学んでいると言ってよい。地上では絶対に不可能な四肢の柔軟性は、しかし死の危機と深くむすびついていることも周知のとおりである。海では山よりもはるかに誘惑に負けやすい。何故なら岩石の鋭い拒絶に対し、波は千差万別の姿態で、その衣の中に入りやすいように仕むけるからである。波の上に仰むけに浮んで、その快い流れに身を委ね、空の白雲などを眺めているうちに、強烈な潮流にさらわれ、水中に没してしまう。

登山と水泳と、私は自然の肌との直接的ふれあいを快楽の二つの原型とみなしたが、むろんこの二つのものの性格はちがっている。岩石は無生命であり、海は生命の宝庫である。岩石のあるところ歴史はないが海のあるところに歴史は生まれる。水のあるところというべきだが、快楽とは元来水性のものかもしれない。少なくとも性に即して言うなら、山岳は禁欲的であり、水辺は情欲的である。しかしこの点で快楽を区別づけるのは不適当だろう。

人間は禁欲的になるところによって快楽を味わうことも可能だからだ。登山は、禁欲的であろうと欲することなく、人をして自然に禁欲的たらしめる。それを自覚させない。少なくとも断崖の岩石にへばりついている限りは。

岩石は性を消滅させる。しかし同時にそれは、その瞬間、見てはならないものを見たいという好奇心をそそる。数百メートルの垂直の断崖を見おろしてはならないのだ。恐怖について考えさせるからだ。それがわかっていても、「恐怖」をのぞきみたいという制止しきれない好奇心が人間にある。墜落は不注意のためというよりは、好奇心のためである。好奇心のもつ観念性が墜落を誘うのだ。恐怖の断崖にありながら、恐怖について考えることを止めさせるのは行動だけだ。動くということだけが救いになる。この場合「動く」とは、岩石をよじのぼるときの肉体のバランスである。登山における快楽とは、絶壁の途中でバランスのとれた肉体への快感と言っていいかもしれない。そういう肉体は性を超越する。男性でもなく女性でもなく、中性でもない。水泳とはまた別種の柔軟な生が現出する。

快楽と求道

快楽と求道を我々は峻別して考えやすい。互いに敵視しあっているような状態をまず念頭に描くが、しかし求道とは本来懐疑精神に発したものであり、自己の内部の矛盾への絶えざる凝視を意味する。快楽は生命に加えられるあらゆるワクを打ち破ろうとする欲望だ。生の抵抗と言ってもよい。同時に、死という厳しいワクをいやでも自覚せざるをえない筈だ。死を凝視したときの内的動揺からくる自己への懐疑、つまり快楽は快楽を疑わざるをえないような状態において快楽なのではないか。

私は大障碍物の設定とも言ってみた。求道と快楽を直結させるのは「死」だと言ってよい。古来の快楽思想で、死を語られなかったものはひとつもあるまい。ないしは死の予感あるいはその陰翳を悲哀として告げなかったものもあるまい。逆に「死」を一つの刺戟として、快楽を味わうという場合もある。不可抗力の大障碍物がなければ、快楽として生きてこないのは当然と言っていい。快楽者とは誰よりも深く「死」について考えている人のことだと思う。

このことは表現における美的節度のひとつの有力な根拠ともなりうるだろう。むろん技術の問題だが、まずその根拠には「生」の味わいを深めるための「死」の観念の設定がなければならない筈だ。「死」の照明による「生」のニュアンスの描出を私は美的節度の哲理と呼びたい。「性」の描写にしても同じことだ。露骨さがいつも問題になるが、それは「性」が描けていないということである。「隠す」という一種の表現技術によって、逆に人々の感受性を誘発し、その鋭敏さに期待するという豊かな心が失われたところに「性」の描写は不可能であろう。

露骨とは、人間の鈍感さをあてにしたものである。それは一種の侮辱である。節度とは礼節のことである。美的礼節とは、誘惑のポーズをとることなしに誘惑することだ。露骨とは客引の行為である。

無論ここでの判断は微妙である。何を以て節度とするか、描写の場合には「てにをは」のふとした使い方さえ事態を左右するであろう。また露骨にみえて、全体のうちにおけば、それが必然である場合もあろう。私は「死」の観念をあらわにもち出せと言っているのではない。美的節度の哲理として心底にとどめ、心底から出る光線のように明暗のうちにこれを言葉の感覚に生かすべきだと言いたいのである。「死」に対しても美的節度は大切である。たとえば戦争や暴動の犠牲者の死が、時に誇大化され、不当に英雄化されたり、あるいは卑俗な美談として「涙」を強いるような表現に接することがある。様々の事件だけでなく、その表現においても現代はしばしば死者への礼節を欠いている。「死」に対する美的節度の欠如は、「性」に対する美的節度の欠如と表裏している。現代人は性に対して露骨になっただけでなく、死に対しても露骨になった。

偽善者は性の問題を、表面的に極力隠そうとするが、それよりも前に彼は死の隠蔽者である。「死」の前において自己をみようとしないという意味だ。この点をこそまず攻撃しなければならぬ。死に対して偽善的であることが、一切の偽善の基礎ではないか。これに反して偽悪者は、ことさら性を挑発し、極力それをあらわそうとするが、それよりも前に彼は死の忘却者である。死について考えることを忘れた人という意味で、一切の偽悪のこれが根拠のように思われる。そして偽善者も、偽悪者も、生において無理なポーズを自己に強制している点では同じだ。そして自己に強制したポーズは、性に向かっても誇示せざるをえないのである。

遊戯の最高の姿

求道と快楽を区別してはならないと述べたが、しかし心のもち方の傾向として対立することがしばしばある。求道者は快楽のうちに「死」を見、快楽者は求道のうちに「性」を見ようとする。両者は敵対の関係に入り、互いに復讐者の微笑を浮べて相手の虚をねらうのだが、しかしこれを同一人の内部に共存させておくことが大切なのだ。ほんとうは同一人の内部の矛盾であり、自己への不断の懐疑である。きびしい戒律を説く宗教と、それを嘲笑する性とは、「生の対話」に他ならない。

久米の仙人が、川でもの洗う女の脛(はぎ)の白さをみて墜落したという伝説が、今日まで言い伝えられたことは興味ふかい。彼は墜落することで求道者たりえたのである。これが大切な点だ。この伝説は「性」の勝利を示したものではない。求道と快楽を分裂させて考えていることへの諷刺なのである。「生の対話」のないところに求道もなく快楽もない。

警戒すべきはポーズである。求道のポーズとともに、快楽のポーズをも戒めなければならない。作品における「虚構」とは、何よりもまずポーズへの戦いではなかろうか。表現における美的節度は、「死」の観念によって根本的に支えられていると言ったが、支えられつつ、この戦いによって成熟するといってよかろう。節度は礼節であり、読者を念頭においたときは奉仕である。そして最上の奉仕は、言うまでもなく奉仕の観念をすら打ち消してあらわれるところにある。いわば読者とのあいだに「純粋遊戯」を成立させることである。

東洋人の古来の求道方法の中に、登山行と水行がとりいれられていることを私は興味ふかく思う。何よりもまず肉体の行動が第一だ。それははじめ苦行の相をとるが、最後において「遊戯」の境に入ろうとする修業である。岩石と水がそれを教えるのだ。経文をみると、菩薩の行動はすべて「遊戯」(ゆうげ)という言葉で表現されている。

人間、この矛盾を生きるもの

神に反逆した人間の歴史

神に反逆した人間の歴史、いわゆる文明の進歩と自由の享受はどうやら性のはげしい転落の歴史でもあったように思われる。人間性の解放は性の解放を必然に伴うであろうが、この解放されたものは一体どこへ行くのか。

眼前の事として、戦後における卑猥なエロティシズムの流布を考えてみよう。人間は一面においてこれに誘惑されながら、他面において反省しているのだが、反省の具体的なあらわれは、性の巧みな放縦ぶりに比べて、いつも拙劣である。抑えるための名案などは、実際のところないのかもしれない。好ましからぬ好色本や絵画に対しては、たとえば検閲制度や風俗壊乱罪のようなものを考えつく。社会的取締の方法としては最も簡単なものだ。しかし面白いことは、ここで判断力は美の標準とならずに、劣情が標準となるということである。罰するものは、自己の劣情を暴露しなければならないという喜劇に追いこまれる。

二十五、六年前のことだったと記憶するが、ロダンの「接吻」という有名な彫刻が日本へ来たことがあった。裸の男女が抱きあって接吻している世界的に有名な彫刻だが、当時の官憲はこれを猥せつなものとして公開禁止してしまった。世界中のもの笑いになったそうである。劣情を以て見れば何だって猥せつにみえるものだ。そして、どこからどこまでが単なる猥せつで、どこからどこまでがその高尚な美化であるか、古典はともかく、この判断はおそらく千差万別で、芸術家の間だけでも意見はわかれるであろう。検閲はどんな場合でも滑稽なものを含んでいる。そして隠そうとすればするほど、それを見たいという心理を普及するものだ。人間はつねに隠されたものを追う。

そこで性の頽廃に対しては人為的な抑圧などせず、高い美的教養や宗教心の昂揚が考えられる。この方が真実の対策であることは言うまでもない。昨今の世相をみると、いっそ思いきった禁欲主義を聞きたいような気さえ起る。しかし美的教養や宗教心が高まったとき、性の放縦は止むだろうか。ここがむずかしいところである。事態は同じだと私には思われるのだ。宗教的戒律や禁欲主義が風靡しはじめると、人間は逆に一層情欲を唆(そそ)られるものらしい。謹厳を粧(よそお)う人間ほど危い。『デカメロン』を読めばわかる。一番猥せつなのは修道院のお坊さんだ。

美的教養なるものが高かったルネッサンス時代をかえりみると、これはもう文字通り乱世であった。政治的暗闘、陰謀と殺人と姦淫と、血なまぐさい事件の連続であり、性のあらゆる放埒と愚行が、旺盛無比な活力とともに展開された時代であった。基督(キリスト)教徒ならこれを悪魔の巣窟というだろう。しかも絢爛たる美は、この悪魔の巣窟から咲き出たのである。高い美的教養は獣的な劣情にむすびついたものであった。ちょうど真の善が、悪の知悉(ちしつ)の上に開くように。

メフィスト（悪魔）に誘惑されて少女を犯さなかったなら、ファウストはギリシャの美を見出すことはできなかったろう。美を創るということは、どうやら一種の罪悪であるらしい。トルストイの描く情欲の世界をみよ。あの凄惨な性の葛藤がなかったなら、彼は宗教的禁欲主義などを思いつかなかったであろう。つまり宗教心も美の心も、性の罪悪性にむすびつき、その危さの上に辛うじて成立するものだ。神と悪魔との結合体としての人間の、これが実相である。格闘の状態がつづくだけだ。性の解放は我々に喜びを与えるとともに、より深刻な苦悩をもたらすにちがいない。

ところでこんな見方も成立つかもしれない。現代日本のエロティシズムの流行は、大宗教大芸術実現の前ぶれで、ルネッサンスの前夜ではないか。むしろ喜ぶべき現象であろうと。しかし問題は民族の活力だ。昂揚して行く民族と、衰退して行く民族との、活力の相違を凝視しなければならない。この点で性の解放は、再生の原因ともなれば滅亡の原因ともなる。日本人は疲れている。長い戦争の緊張とストイシズムによって疲れきっている。私にはそうみえる。そして、人間は疲れるにつれて一層はげしい刺戟を求めるものだ。病的な疲れ方が病的な性愛を追うのだ。ルネッサンスどころではない。滅亡の狂躁曲かもしれない。少なくとも大都会のエロティシズムにはこの徴候が感ぜられるのではないか。敗れた民族におけるエロスの戯れは恐ろしい。

人生の目的

人生の目的は、おそらく快楽を追求するにあると言ってもよかろう。どんな状態においても人間は快楽を欲する。むろんそこには無数の段階がある。飲酒や賭博や女あそびから、知的な美的な快楽、鑑賞や読書や創作行為に至るまで、快楽の数は無限にある。そして一人間は、自己の内部にこのすべてを保有し、かつ絶えず新しい快楽を発明しているのだ。恋愛はこのすべての段階に通ずる可能性をもった快楽だ。

ところが自然は巧妙にも一つの条件を与えた。それは何らかの努力も苦痛もなしに快楽を手に入れることはできないという条件だ。全く受動的な快楽は快楽ではない。快楽は最も単純な場合でも金銭を必要とする。酒や女遊びには、酔うにつれて限度を忘れさしてしまう魅力があるが、しかし人は醒めて後に大苦痛を味わう。また技巧と努力を必要とする。そして快楽の後には愁いが来る。最大の地獄をここに味わうかもしれない。歓楽きわまって哀愁を知ると古人の言ったとおりだ。つまりエロスは、それ自身の裡に強烈な復讐力を宿しているのである。

美貌の運命をみればよくわかる。

「花の色は移りにけりないたづらにわが身世にふるながめせしまに」――有名な小野小町の歌である。「ながめ」とは美の快楽、閨房の放縦な夢の思い出である。一代の美女も、性の濫用のうちに花の色は移りすぎ、美貌は深い皺に蔽われてしまうのだ。すべての美しい愛も色情も、やがてはこれを経験しなければならない。晩年の小町に、エロスに復讐された美女の末路を見るであろう。

復讐はおそろしく徹底的である

復讐はおそろしく徹底的である。人間は死ぬべきものだ。生の意識が強まり、快楽が絶頂に達するとき、人はふと死の不安におそわれるであろう。エジプト人は、その宴が終るとき、「飲めよ、たのしめよ、死すれば汝もこのとおりぞ」と、一人をして呼ばわりながら死の大いなる姿を一座のものに見せしめたという。あるいは町の最も繁華なところに墓地を設け、たえず骨や葬式をみせることによって人間の境遇を悟らしめた古代の風習を、モンテーニュは伝えている。復讐に慣れさせようとしたわけだ。死に慣れることは、快楽を浄化し、快楽に節度をもたらすであろう。しかしどうせ死ぬならといって、乱行ますますつのるということが起りはしないか。いや心配は無用。源信和尚が『往生要集』の地獄篇に描いた淫行者の相をここにうつしておこう。

淫乱なるものは刀葉の林に置かれるといふ。その樹頭には容貌端麗な美女が坐ってゐる。彼は女に近づかうとして懸命にその樹に昇らうと試みる。しかし樹葉は悉く(ことごと)これ鋭い刃だ、たちまちその身肉を裂き、その筋を裂き、一切のところをずたずたに切りさいなんでしまふ。こうしてようやく美女のゐる樹頭に辿りついたとみれば、女はすでに地上にある。彼女は愛慾の媚眼をもって樹上の人に叫んで言ふ。「わたしあなたを思いつめてゐるわよ。さあどうしてわたしに近づかないの。早くわたしを抱いてよ」と。樹上の淫行者はこの声をきくと、情慾ますます熾烈となり、次第にまた樹を下ろうとする。しかし刀葉は上を向いて鋭いこと剃(かみ)刀(そり)のごとく、たちまち前のやうにその身肉を割く。血だるまとなってやっと地上に達すれば、かの美女はまた樹上に在る。これをみて淫行者は再び樹を昇りはじめる。かやうにしてくりかえすこと無量百千億年といふ。

性とその宗教的考察

人間の心の中のこと

性とは何か、言うまでもなく人間にとって永遠の課題である。古来どれほどくりかえし語られてきたかわからないし、東西古今の文学をみても、何らかのかたちでこれをとり扱わなかった作品はあるまい。人間のいのちの秘密に関連した問題であるからだ。そこでまず、人間は「考える」ことによって人間に成るということを思い出していただきたい。

性とはひとつの観念なのだ。という意味は、それは考えられたものであるということである。むろん性は本能として与えられているし、それなしに人間の生命はありえないにしても、本能のままならば、動物と異なるところはない。人間はある場合には、動物とひとしく振舞うこともある。考えなければならぬと思いながら、性において盲目的になる危険は誰でも心のなかにひそめている。だから性がひとつの観念であり、考えられたものであるという意味は、それが性についての危機意識であることと同じだと言えないだろうか。

性について語ることは、性といういのちの危険について語ることだ。同時に、この危機意識は、快楽感にむすびついているところに特徴があると言ってよかろう。

私はここで「宗教的考察」と題したが、宗教とは何かと言った問題を語るのではない。もっと素朴なことだ。つまり性についての危機意識と快楽感とを心に抱いたとき、私たちはどのような態度で処したらいいか。むろん解決などありえないにしても、自分の心の中に生ずる様々の反応、矛盾や盲目性や反省などの性質を、深く洞察することは、「考える人間」として当然のことではなかろうか。一例をあげよう。たとえば聖書のなかから、次の有名な一句をとりあげて、各人が心のなかの反応をたしかめてみることだ。

「女を見て、色情を起すものは、心の中すでに姦淫したるなり」(「マタイ伝」)

キリスト教から一応離れてもいい。この一句を自分の前において、自分の心のなかをしらべることから始めてみよう。そうすると、おそらく大部分の男性は、「女を見て、色情を起す」事実にまず気づくであろう。人間は「眼」で犯すことができる。空想によって犯すこともできる。つまり「心の中」で可能なのだ。文学作品のエロティシズムとは、「眼」と「空想」への期待であり、感覚の最も微妙な部分に対する煽動と言ってよい。

これは各人の感受性にも関係している。ある人にとっては、ほとんど目だたないささやかな言葉とか動作が刺戟となり、他の人にとっては、露骨で、どぎつくなければ刺戟にならない場合がある。性の感受は、各人によって千差万別である。「女を見て、色情を起す」と言ったときの「色情」は極めて複雑である。微妙で繊細な感受性をもったものほど、色情において巧智であると言える。

心の中すでに姦淫したるなり

ところでこの一句の最も重要な点は、「心の中すでに姦淫したるなり」である。宗教的には、姦淫はむろん罪である。つまり罪ということが、ここで一番重要である。女を見て、色情を起して、もし本能のままにそれを行為にあらわしたらどうなるか。言うまでもなく法律上の罪になる。しかし心の中で色情を抱き、「眼」と「空想」によって女を犯した場合には、法律上の罪にはならない。

あらゆる人間は、この点で「無罪」という仮面をかぶって生きていると言ってよかろう。何事においてもそうだが、人間の心の底はわからないものである。私たちは外見と、その人の言葉で判断する以外にない。心の底を見通すことは不可能だ。

もし心の底まで見通すことができるならば、少なくともその可能性をもつものがあるならば、——この仮説から、人間は神を求めたと言えないだろうか。情欲の苦悩に発したひとつの動機にちがいない。人間としては絶対にできない心の中の透視が、可能なものが存在する。存在しなければならぬと言ってもよい。

どんなにその眼をのがれようとしても、どこかで見ている、心中を見ぬかれている。もしそうならば、心の中での姦淫も見破られているはずだ。それは法律的・社会的な意味では罪ではないにしても、見とおしているものの前では罪ではないか。人間は心の中で、いわば姦淫の罪を犯している存在だ。少なくとも色情を抱くかぎりは。これが「宗教的考察」である。

性とは何か。いま述べたことを中心とするかぎり、答えはあきらかであろう。性とは罪である。少なくとも罪を犯す可能性である。それを抑えているのは何か。法律への恐怖と、世間体と、金銭上の打算などである。しかしそれだけでは不完全だ。さらに一歩をすすめるなら、神から見られているという信仰上の戦慄となるであろう。そこで、改めて自分の心に問うてみることだ。聖書のさきの一句を、承認すべきであろうか。私のいう「宗教的考察」のみが、性への唯一の正しい態度であろうか。

ところで、これを承認するとしても、同時に、必ず反発するものを感ずるにちがいない。性とは罪であると断定して、それならばその罪を犯さないためには、性を断絶してしまう以外にないのではないか。もし厳格に考えるならば、性の完全否定がここに起らなければならないことになる。

例外として、きびしい修道者にそういうことはありうるかもしれない。しかし最大多数の人間にとって、性の断絶とは、生命の断絶にひとしい。それは死を意味する。人間の生命を抹殺することになりはしないか。性が罪の可能性であるなら、生命そのものの罪の可能性である。それなら、これも厳格に考えたとき、自殺する以外にあるまい。少なくとも罪を犯さないためには、もし自殺を避けてなお罪を犯さないためには、性を越えたひとつの境地への努力、祈りがつづけられなければならない。しかし性の超克は可能だろうか。

性とは人間にとって永遠の課題だといった理由はここにある。つまりそれは人間のいのちであり、生のしるしであるとともに、罪の可能性であるという矛盾した存在なのだ。人間はこの矛盾を解決しえないままに、今日まで生きてきたと言ってよい。だからこそあらゆる宗教の主題ともなり、文学のテーマともなっているのではなかろうか。個人の場合も同様である。

私がここでいう「宗教的考察」は、矛盾を解決するものではない。むしろ矛盾をはっきり自覚して、心のなかで戦いつづけることを意味する。東西をとわず、すぐれた宗教家とはそういう存在ではなかったろうか。性のやみ難い欲求と、性の罪悪性と、この矛盾の激しさのなかで、信仰は鍛えられてきたと言ってよい。文学作品の場合も、根本的には同様ではなかろうか。

私はここで、戦後の日本にかぎって言うのだが、性についてのあらゆる言説や描写が氾濫しているにもかかわらず、そこに空白があるのは、というよりは性の問題が深められないのは、矛盾の自覚と、その自覚にもとづく心の戦いのないことが、致命的欠陥ではなかろうか。だから一方では、際限のないどぎつい性の氾濫があり、他方で、生硬な道徳的お説教がある。この双方は対立したまま決して交わらない。実は各人の心のなかでは、様々の度合で交わっているのだ。

人間は性の氾濫のなかにあって

人間は性の氾濫のなかにあって、必ずその地獄を感ずるものである。私は性の危機意識は同時に快楽感にむすびつくと言ったが、永遠の快楽と言ったものはない。どんな道楽者も、快楽に破れ、一種のニヒリズムにおちいるものだ。どぎつい性の氾濫は、たしかに人間を刺戟するにちがいない。それは快楽の刺戟である。しかし刺戟はさらに激しい刺戟を求める。そして中毒症状を起し、最後には性に対して不感症になる。

性の刺戟をつよくうけた人ほど、鈍感になってゆくであろう。同時に、快楽はつねに空虚感を伴うものである。性にむすびついた犯罪は、この空虚感からくるニヒリズムにもむすびついているにちがいない。

ところで道徳的お説教をする側の人々も、決して聖者ではない。さきに述べた聖書の一句をもってはかってみるなら、すぐわかることだ。危険ないのちとしての性を内に抱いたまま、そしらぬ顔で道徳を説いているだけである。宗教家だって同じことだ。だから、世間的には大へんまじめな、道徳的人間とみられている人が、突如として、女を犯すような場合がある。抑えつけていた危険ないのちとしての性の爆発である。抑えつけられるだけ、性はあくどい復讐をこころみると言ってもよい。

世間はその人に、いくらでも攻撃を加えることができるだろう。しかし「世間」とは何か。自分も同じことをやるかもしれない、いわば可能性のかたまりなのだ。ただ自分は、それを外的行為としてあらわさなかったという理由だけで、たまたまそういう行為をした人に向かって、集中攻撃を加えるのである。私はここで、聖書のもう一カ所の有名な場面を引用しておきたい。

「ここに学者・パリサイ人ら、姦淫のとき捕えられたる女を連れきたり、真中に立ててイエスに言う。『師よ、この女は姦淫のおり、そのまま捕えられたるなり、モーゼは法律にかかる者を石にて撃つべきことを我らに命じたるが、汝はいかに言うか』かく言えるは、イエスを試みて訴うる種を得んとてなり。イエス身をかがめ、指にて地にもの書き給う。かれは問いてやまざれば、イエス身を起して、『なんじらの中、罪なき者まず石をなげうて』と言いまた身をかがめて地にもの書き給う。彼らこれを聞いて、良心に責められ、老人をはじめ若き者まで一人いでゆき、唯イエスと中に立てる女とのみのこれり。イエス身を起して、女のほかの誰も居らぬを見て言い給う。『おんなよ。汝を訴える者どもはいずこにおるぞ、汝を罪するものなきか』女いう。『主よ。誰もなし』イエス言い給う。『われも汝を罪せじ、往け、この後ふたたび罪を犯すな』」（「ヨハネ伝」）

最初に、「学者・パリサイ人ら」という言葉が出てくるが、イエスの最も憎んだのは彼らであった。なぜなら、彼らは自分をつねに「正しきもの」と思いこみ、法律によって人を裁くことを常としているからである。偽善者とは、自分自身を裁くことのできないものをいう。しかも偽善者という自覚すらない偽善者ほど、おそろしいものはない。彼らは自己の罪の可能性に対して不感症なのだ。無神経なのだ。そのためにかえって「世間」に適用し、「世間」を代表する力をもつ。その学者パリサイ人らが、姦淫の折にとらえられた女を連れてきて、イエスが彼女をいかに裁くか、それをためしてみようとしたのである。律法によれば、姦淫した女は、石でうち殺されることになっている。ところで、イエスの「裁き」は、右の引用にもあるように、「なんじらの中、罪なき者まず石をなげうて」であった。

ここで「罪なきもの」とは、姦淫を犯したことのないものの意味である。「罪」は外的な行為だけでなく、主としてさきに述べた「心の中すでに姦淫したる」ものをも指している。いわば人間の内的な罪と、罪の可能性をイエスは指摘したわけで、その点で「罪なきもの」と思いこんでいるものが、まず石をなげうてと言ったのである。

そこに集（つど）った人々を、瞬時にして内省的たらしめた絶妙の言葉と言っていいだろう。この権威の前に、人々はひとり去りふたり去って、行ってしまった。そして最後に、「われもなんじを罪せじ、往け、この後ふたたび罪を犯すな」と戒めている。

罪のとり扱い方ほどむずかしいものはない。極端に責めたててもならないし、むろん放任しておくこともできない。また責めたてることで、過去にとらわれるように仕むけてもいけないし、罪の自覚に甘えさせてもならない。その間の微妙な度合が、イエスの右の言動のなかに見事に表現されていると思う。万人に普遍的な性の危機意識の上に立った絶妙の宗教的判断である。

生きとし生けるものの宿命の戦い

性をめぐる思想の戦い

宗教的あるいは道徳的な戒律と、性とは、互いに矛盾することは前にも述べたが、東西の思想史をみると、この双方は、あたかもしのぎをけずって戦ってきたように思われる。どれほど宗教的戒律がきびしくても、道徳的束縛がつよくても、そうあればあるほど、性はさらに強く巧妙に、反撃を開始するようである。

性とは本来、自然である。自然をそのままに素直にのばしてゆけばいいにもかかわらず、なぜ宗教とか道徳をもち出して束縛するのか。それはかえって人間を偽善者たらしめ、性を歪める結果にならないか。こうした反論はつねに起っている。しかし「性の自然」と言ったときの「自然」とは何か。これも考えてみるとむずかしい。私たちに身近なことから考えてみよう。

たとえば戦前と戦後と、そこに性についての考え方、感じ方の上で、はっきり区別できるものがある。戦前には、きびしい検閲制度と取締りがあった。文学、映画、劇、絵画のすべては、発表以前に検閲をうけなければならなかった。文学や映画にしても、たとえば接吻の場面などはゆるされなかったし、姦通とか寝室の描写などは厳禁されていた。男女が腕を組んで町を歩くといった風俗も戦前にはみられなかった。

そこに自主的で潔癖な宗教的精神や道徳律があったならばまた別である。国家の方針として、権力と法律による取締りがあっただけである。こういう条件のもとでは、性はあたまから蔑(いや)しめられ、不潔視され、法律的あるいは習慣的な意味で罪悪視される。不当に、人為的にそのように仕むけられてきたわけで、人間の性の表現は陰惨なものになるか、さもなければ陰で偽善的な行為としてあらわれるか、いずれにしても、性の正しい見方というものはゆるされなかったのである。

ところが敗戦後、性はその「自然」をとり戻したのであろうか。以前の状態への機械的な反発と言ってもいいが、周知のとおり性は、きわめて露骨な、どぎつい、刺戟的なものとなってあらわれた。権力と法律による取締りから解放されたからである。自主的な宗教的権威や道徳律からの解放ではない。この点が重要である。

私は、性とは本来、自然であると言った。ところで戦後における性の解放は、果して自然であっただろうか。自然への回復であったか。ここに問題がある。自然とは自由勝手ということでもなく、露骨ということでもない。自然とは考えられた一つの観念である。現代人にとっては、考えられ、したがって意志されたものといってよい。人間は自然であるために、どれだけの苦心を経なければならないか。これが忘れられている。

戦後における性の解放とは、自然への解放でなく、人工への解放であった。つまり性はあらゆる人工的照明をあてられ、技巧的につくりあげられたものとなった。これが刺戟の原因である。いわば、いかに巧妙に刺戟するかという点で、技巧に技巧を凝らすようになったということだ。だから今日ほど、性について空想的になっている時代はないと言えるのではないか。空想は刺戟されるにつれて、一種の肥大症を起す。つまり病的になる。自然からかぎりなく遊離し、私たちは性の氾濫のなかにいながら、その実体を見失うといった状態におかれている。

同時に男女同権と言いながら、女性はますます性の奴隷となるように仕むけられていないだろうか。商品としての性の氾濫と、それに甘んじる女性の多くなったということである。そして男性は、以前よりもはるかに激しく、女性を快楽の対象として眺めるようになった事実とそれは表裏している。一々例をあげるまでもあるまい。ある意味で、今日ほど、女性が軽蔑されている時代はないのである。解放によって、性的快楽の道具となったのではないか。しかも男女同権の名において。

トルストイに『クロイツェル・ソナタ』という作品がある。一八八九年に創作されたものだが、このときのトルストイは、厳格なキリスト教信徒であり、禁欲と童貞の尊さを唱えていた。そういう立場から姦通を主題として描いた作品だが、人間の情欲をめぐるすさまじい嫉妬、女性の心理、男性の対女性観などが徹底的な筆で表現されている。私はここで、作品について語ろうとするのではない。この作品の意図について、後にトルストイ自身の書いた後記の一節を引用しておきたいのである。

当時のロシアの性風俗への弾劾文と言ってもよい。七十年前のことだが、いまの日本に共通する点が少なくないからである。全文を引用できないので、中心となる部分を次にかかげておきたい。

「第一に私が言いたかったのは、現今の社会のあらゆる階級を通じて一つの信念が牢乎として根を張って、しかも偽りの科学によって維持されている、ということである。それはほかでもない。男子に金銭の支払以外なんらの義務をも負わせない結婚外の性交が、極めて自然な、従って奨励すべきだという信念である」

「第二に私が言おうと思ったのは、われわれの社会において、性交を健康保持の必要条件及び快楽とみなしているのみならず、人生における詩的にして崇高な幸福であるかのごとくみとめている結果として、夫婦間の破倫行為が各階級を通して、極めてありふれた日常茶飯事となっている点である」

「第三として、われわれの社会において、やはり肉体恋愛に対する誤った解釈の結果として、出産ということが本来の意義を失って、夫婦関係の目的となり存在意義となる代りに、愉快な恋愛関係を継続する障碍物となってしまった。したがって結婚者のあいだでも非結婚者のあいだにおいても、医学の使徒たちの快言によって、婦人から生殖能力を奪う方法が普及しはじめた」

「第四としては、われわれの社会において子供を快楽の妨害とみなすか、さもなくば不幸な偶然と見て、また予定の数を超えないかぎり、一種の快楽であると考えられているために、子供らは理性と愛にとんだ生物として、人間のなすべき人生上の目的に適応するように教育されないで、ただ彼らが両親に与えうる快楽を主眼として教育されている」

「第五として、われわれの社会では、結局肉欲をもととしている男女間の恋愛が、人間の努力の最も高尚な詩的目的にまで押しあげられている。それはわれわれの社会におけるすべての芸術や詩歌が証明している。そのため若い人たちは、自分の生涯の貴重な時期を、恋愛関係または結婚に対する最良の対象物を物色したり、探求したり、領有したりすることに浪費し、また婦人や処女は、男を誘惑して、恋愛関係かあるいは結婚にひき入れることに費しているありさまである」

トルストイはこの一切を否定した。ある点で偏狭にみえるかもしれないが、しかし彼はこの反面で、人間の根本的な生き方とは何かと問うているのである。恋愛と性の問題は、すでに述べたように、人間にとっては永遠のテーマであり、今後もくりかえし語られてゆくだろう。

しかし、人間の生き方の中心はそこにあるだろうか。『クロイツェル・ソナタ』を書いたときのトルストイは、いま述べたように厳格な教信徒であり、その芸術観も以前とはちがってきていた。肉欲を基本としたところから生ずる様々の社会現象に対して、端的に言って、トルストイは肉欲の否定のために戦い、この弾劾文をかいたのである。


人間の生涯、あるいは日常生活において、性の占める位置を、どのように考えたらいいだろうか。ここに個人差があるのは当然だが、たとえば日常働いたり、勉強したりしているとき、私たちの大部分は、一種の「独身状態」にあると言っていいのではないか。仕事とか学問に集中すればするほど、性についての妄想からは離れているのが事実である。これが自然なのだ。一日中、性について妄想している人は、まず例外と言ってよかろう。

トルストイは、できるならば結婚もしない方がよく、童貞処女のままの独身生活を送ることを理想としている。これはキリスト教的観念からだけ言えるのではなく、いま述べた事実によっても証明されるのではなかろうか。人間の生涯、あるいは日常生活で、性の占める位置は決して大きいものではない。勤勉と努力に比例して少なくなる。知的集中しているとき、人間はほとんど清教徒だと言っていいのではないか。

問題はその持続が困難だという点にある。一日の勤労とか研究から解放される時間は必ずある。そのとき娯楽への欲求が起り、また性的欲望もこの閑暇において生ずる。閑暇の多いほど性的欲望はつよく、同時に享楽性を帯びると言ってよかろう。また都会のはげしさは、疲労をよび起すが、疲労の深さは、それだけ強い刺戟を求めることもある。そして再び、トルストイの否定したあの側面に逆もどりしてゆくわけである。

トルストイの説くところは、それを絶対にゆるさぬきびしさをもっているが、そのことは彼自身が、一生涯そのきびしさをもって終始したということではない。逆に、トルストイは青年時代は遊蕩児であり、また老年になっても、男性としての欲望を断ちきれなかった人だと言われている。

つまりトルストイの右のような言葉は、当時の社会への弾劾だけでなく、実は自分のうちなる欲望との格闘でもあった。私は前にも述べたが、矛盾のはげしさの自覚であり、そこに生じた宗教的欲求であった。

性に即して考えるなら、それを抑え、罪悪視しようとする宗教的欲求は、その反面に、抑えようとしても抑えきれない肉的欲求を内部に抱いているということだ。宗教的欲求は、それみずからのうちに反宗教的危険性をはらんでいると言ってよい。爆発物としてのいのちの危険の上に、宗教とは辛うじて成立したものではないか。この戦いに、勝つか負けるか、それがトルストイの精神の主題であった。

私はいままでもしばしば考えてきたが、戦後の日本の小説が、これほど性を描きながら、性のほんとうのすがたを見失っているのは、作家自身が、宗教的欲求を微塵も抱いていないからではなかろうか。それを抱くことで、逆に性そのもののすがたはあきらかになるのではないか。いわば、この精神的格闘のうちにとらえられたとき、性ははじめて性としてのほんとうのすがたをあらわすのではないか。

しかし誤解してはならない。私は宗教的欲求をもたない作家を否定しているのではない。なぜなら、宗教否定の上にも性は成立するからである。むしろ性は、本質的にいって反宗教的なものと言ってよい。神々を冒瀆する最大の力である。だからこそ宗教的欲求にとっての大切な対象ともなるし、同時に反宗教的であるときの拠点ともなる。

したがって、こう言ってよかろう。日本の戦後の小説における性描写の浅さは、作家が宗教的でもなければ、反宗教的でもない点にあると。つまり精神の格闘がないということだ。換言すれば、性との対話がないということでもある。だから現在の性描写の多くは、性風俗と性技術の描写であって、この氾濫のなかで、性はかえって見失われる結果になったのである。私はたまたま作家を例にとったが、実は私たちの大部分は同じ状態にあると言っていいのではないか。性の問題は、根本的には信仰をめぐる問題であり、思想の戦いの問題ではないか。

快楽とその行方

私はいままで、主としてキリスト教を念頭において書いてきたが、日本は周知のとおり、仏教の伝統が長い。むろん衰弱したり変質している点もあり、とくに若い世代ほど無縁になっているだろうが、日本固有の伝統という面からもこの問題を考えておく必要がある。自覚はしないが、ある心理状態、または情緒として深く底流している場合があるからである。

たとえば彫刻や絵画の歴史をみると、東洋を通じて、女性の裸体は極めて少ないという事実がある。むろんインドや東南アジアの仏像群のなかにはひどく肉感的なものがあるが、インドから中国へ渡り、さらに日本へ来ると、肉感性は極めて稀になるか、ないしは消えてしまう。裸像は原則として存在せず、すべて衣の微妙な線によって蔽(おお)われてしまっている。この点から、性についての考え方もかなり異質ではないかという問題が出てくる。

東洋と西洋の差異という大きな問題に関連してくるが、風土、気候、体質、衣食住などの差が大きな役割を果していることはたしかであろう。たとえば、日本人は肉体的にも「草性」を帯びているのではなかろうか。草性とは肉食性に対して使った言葉である。肉食を長いあいだ習慣としてきた西洋の諸民族とはちがうということだ。こうした点は今までも多くの人たちによって指摘されてきたが、欲望においても比較的淡白だと言えないだろうか。むろんこのことからのみ、思想の質を決定することはできないが、日本人の罪悪感の稀薄なことと全く無関係ではなさそうである。

仏教では、「煩悩」という言葉で、情欲をきびしく戒めている。しかし日本人の場合、ここに罪悪感を抱くよりは、むしろ無常感に流れ、無常感が罪悪感を上まわって、それを代行したのではないかというのが、私が歴史をしらべてみたときのひとつの結論である。情欲そのものは激しくても、それを無常なるものとみて、最後は悲哀と死にむすびつけて考えてきた。傾向としてそう言える。文学作品をみてもそのことはわかる。人生の快楽を、「空虚感」をもって終らせている例が多く、この「空虚感」は仏教の無常感にむすびついている。それは思索的であるよりも抒情的であることが特徴と言ってよかろう。

もっとも、親鸞のように、罪悪感を深めた例はあるが、過去における日本人の精神史全体をふりかえると、いま述べたようになるのではなかろうか。そして無常感は一種の美感に転移し、罪そのものをも美化して、流離の型態をとると言った点に特徴がみられる。

いまの若い世代では、この無常感もすでに消滅しているかもしれない。少なくともその自覚はあるまい。しかしひとつの事実は自覚しておく必要がある。人間の生は常に変化し、盛衰があり、瞬時もやまないということだ。どのような性の快楽も、最後は空虚感をもって終るということだ。ある刹那には無上の快楽であっても、快楽はその性質上、決して永続はしない。性に耽溺したものは、性によって復讐される。

物質的な肉体的な限界だけでなく、精神そのものが次第に空虚を感ずるに至る。色情は一面においてニヒリズムとむすびつくのはこのためである。性の氾濫は、必ず人間を虚無的にする。さきに述べたように、人生の生き方の根本について、一種の絶望をそれは内包しているからである。宗教はこの虚無からの脱出を志向するが、もし、宗教のないとき、人間は無限の虚無におちいってゆくであろう。

性を描くということは、だからこの虚無との格闘を描くということでもある。ここでもはげしい精神的戦いは必至である。もしそれがなかったらどうなるか。人間は虚無そのものに甘えるようになる。絶望しながら、絶望に甘えることもできる。それはある意味では大へん気楽なことにちがいないのだ。

一方で、刺戟的で刹那的な性のたわむれがあり、他方で、それと表裏して、虚無あるいは絶望のポーズがある。そしてどこまでもこのかたちで循環してゆく状態を、「頽廃」と名づけていいのではなかろうか。これは現代に生きている私たちのすべてに、程度の差はあれ、ひそんでいるものである。決して性だけの問題ではない。私たちの生き方そのものに関連しているから重大なのだ。いかなる事件や人間関係においても、刺戟と刹那性がつきまとい、ある一定の時間がすぎると、虚無と絶望感に身を委ねているような場合が多いのではなかろうか。

性はただひとりの個人だけで成立するものではない。あたりまえのことだ。必ず相手を必要とし、そこに関係がむすばれるが、この関係において、性は快楽であるとともに、また多くの心の傷をもたらすものだということも考える必要がある。性はさきに男女同権の虚偽について語ったが、戦後は、戦前にもまして、この点で傷つけられた女性が多いのではなかろうか。男性の欲望の犠牲者としての女性、これはいつの時代でもくりかえされる古びたテーマかもしれないが、これを性の関係としてだけでなく、人間の関係として考えることが大切であろう。

一個の人間の心に、深い傷を与えるとは、何を意味するかということだ。ある場合には、一種の殺人にひとしいかもしれない。男性のエゴイズムとよく言われるが、これはどんな時代でも消し難いものではなかろうか。このエゴイズムは、性の快楽追求においてあらわれるだけでなく、むしろ性の倦怠においてあらわれるものである。刺戟的状況の中で、人間は必ず別の刺戟を空想するとともに、ある程度満足すると、必ず倦怠におちいる。

ひとりの男性、ひとりの女性ではもはや満足しない。反対の場合もむろんあるだろう。だから一夫一婦制とは、このエゴイズムに即して言うならば、虚偽の制度と言えるかもしれない。同時に、エゴイズムに対する、それ（一夫一婦制）はきびしい制裁と言ってもいいだろう。この意味で、結婚とは一種の刑罰である。

恋愛でも結婚でも、すべて性の問題のまつわるところには、それに相応の制裁がある。仮に一夫一婦制の代りに、一夫多妻制とか、一妻多夫制をとっても、結果は同じであろう。経済的に肉体的にはげしい復讐をうけるだけでなく、空虚感ははかり知れないものとなるであろう。人間は性の自由を空想するだけであって、現実的には性による制裁をまぬがれることはできないのである。

こう言っても、すでに述べたように性には盲目的なところがあるから、いつどんなかたちで爆発するかもしれない。私のいう宗教的考察をこころみても、虚無とか刑罰について考えつくしても、いわば性の結末を予想しえた場合ですら、衝動的にこの一切を無視することもありうる。

もし唯ひとつ、このすべてからまぬがれる道があるとするならば、それは「死」である。これもあたりまえのことだが、人間はその予感を抱いているものだ。快楽の絶頂において、ふと死の深淵への誘いを感じないだろうか。快楽の継続とは倦怠であり、あの刑罰をうけることだとすれば、快楽の完成とは死ではないか。たとえば人間の最も好むスポーツほど死のスリルに接近している。危険な山岳へいどむとか、荒海で泳ぐとか、それは最も壮快であるとともに、ある意味では死とたわむれることである。恋愛と性もこれに似たところがあるのではないか。

したがって宗教的考察に即して言うならば、「死」の観念をあらかじめ設定することが問題になる。人間にとって、唯一絶対に確実な可能性とは死である。これはまちがいないことだ。永久の生はありえない。もしそうならば、快楽への誘惑の刹那に、同時に死を思うことは当然ではなかろうか。それは快楽の完成であるとともに、快楽の涯（はて）にある「空無」を自覚することでもある。さきに述べた空虚感の極限は死である。

つまり「死の観念」をもって「性の快楽」と対決するのだ。性をめぐる思想の戦いのなかでの一番深い部分は、ここにあるのではなかろうか。いずれが勝つか。「死の観念」が勝つならば、そこに性を超えた新しい生がひらかれるであろう。もはや性にとらわれない、ないしは性に対して節度をもつところの「生」があらわれるであろう。性を全く克服することはできないにしても、少なくともそれにとらわれない境地が生ずるのではなかろうか。

大切なのは勝敗というその結末ではない。戦いそのものである。性の快楽は万人が求めるものであるが、それだけにその行方を考えておくことは重要だ。

第五章　信仰と人間の幸福について

人生に泰然と処する言葉
——不安におびえ考えるとき

肉体的に健康なことは、幸福のひとつの条件にちがいない。しかし、人間は必ず死ぬべき存在だという事実からすれば、この幸福も相対的なものにすぎない。死に対して、人間は病める存在ではないのか。

信仰について一度も考えたことのない人に

邂逅と転身（人生の根本にあるもの）

私は信仰について一度も考えたことのない人のために、ないしは宗教を否定したと思いこんでいる人のために、この文章を書こうと思う。それは入信をすすめるためではない。宗教とは何かについて啓蒙するつもりもない。そういうことは、人間として傲慢なことだと思っている。人を説得しよう、人に宣伝しようという下心を私は好まない。すべて真理は、黙ってそこに存在し、存在することで人をひきつけるものである。「おのずからなる心」というものが大切で、おのずから信仰を考えるようになったら結構だし、考えないときにはそれでも差支えないわけである。

いかなる思想も信仰も、人生のすべてを解明しつくすことはできない。自分の思想や信仰を、人生に対するひとつの尺度としてはならない。私たちは一切の先入観念を捨てて、人生に立ち還り、何が根本か、まずそこから考えてみよう。人生を構成し、私たちを生かしめている根本のものは何か。人生といっても、むろん現実の社会生活と別のところに在るものではない。人間は社会の中でしか成育しない。しかし、「社会」という言葉を知ることが、「社会」を知ることではない。「社会」という言葉を使っただけで、社会的になったように思いこんでいる人がある。もうすこし具体的に考えてみよう。

日常の生活で、自分が実際に接触する範囲は、実に狭いものである。私たちは社会について語るが、実際に自分の眼で見、手でふれたものがどのくらいあるか。大ていは新聞やラジオで見聞したもので、見ずして信じている場合が実に多いのだ。そういうとき社会という言葉は空語になる。もちろんできるだけ視野をひろくすることは大切だが、同時に社会という巨大な組織の中の、小さな細胞の、そのまた一小部分にすぎない自己の周囲をみつめることを怠ってはならない。

そうすると、自己を生かしめ、形成してくれるものは具体的に何かがわかってくるはずだ。職場や学校やへいぜいの交際を通して、私たちは人間にふれる。人間一般でなく、特定の個人にふれる。そこで愛情が湧けば恋愛となり、あるいは友情となる。私はこれを邂逅とよび、人生の成立する根本におきたいのである。社会の根底に在るのも、こうした個々人の邂逅による結合に他ならない。

しかし条件がある。邂逅はそれ以前に、必ず人生についての「問い」を持っていなければならない。自分はどう生きるかという、決して安易には解決できない「問い」を抱いていることだ。この問いのない邂逅とは社交にすぎない。社交もたのしみのために大切だが、その中に一筋つらぬくものがなければ、邂逅は成立しない。

おそらく、こういう経験を持っている人があると思う。生涯どの時期でもいい、自分が様々に思い迷っていたとき、その人に会ってよかった。その人に会うことで開眼せしめられた、そういう喜びを抱いている人があると思う。人間の思い出とは、詮じつめれば邂逅と別離の思い出に他ならない。そして「その人」は師でも先輩でも愛人でも見知らぬ人でもいいし、「本」であってもいい。とにかく一すじの光を与えられた思い出が、人間を形成する。

人間は、自分ひとりの力では人間になれない。必ず邂逅によって形成される。私はひろい意味で言うのだが、我いかに生くべきかという問いを心に抱いているところの「愛」による結合と言ってもいいだろう。人間の愛はむろん不安定だ。ある時は深く結びついても、永続することはむずかしい。人間の邂逅には別離と失望がふくまれている。

しかし私たちの心は問う。別離も失望もない「愛」による邂逅はないものだろうかと。多分ありえないだろうと私たちの心は答える。省（かえり）みると、それほど人間は不安定な存在だからだ。同時に、不安定な存在だという自覚をもつことが、いかに大切であるかに気づくだろう。何故なら、人間の自力過信へのそれは謙虚な反省をもたらすから。邂逅は、それを求めないでは得られないが、そうかといって求めたから必ず得られるというものでもない。人生にはふしぎな「縁」というものがある。思うままにならぬとよく言うが、この状態の中での邂逅である故にそれは深い思い出となる。

使い古された言葉

「愛」とは何か。この使い古された言葉、幾たびとなく解釈されながら、解釈されつくさない言葉（それだから、いつまでも問題になるのだが）、私は思いきって、ここに一つの定義を与えてみよう。固定化のためではなく、ある面を照明するために私は「定義」という言葉を使う。愛とは凝視の能力である。相手の心の中から、その運命までをみつめ通したいと願う心と言ってもいい。恋人でも親子の間柄でも、あるいは祖国愛のようなものでも、愛はすべてそういう慾望を抱いている。そして凝視の永続性こそ最高の愛である。受身のかたちで言うなら、自分はみつめられていることだ。

　生涯のどの時期でもいい、邂逅によってたとえ短い期間でも凝視を経験した人にとっては、さきに述べたように、それが忘れられない思い出となる。そしてそのことに感謝の念を抱く。凝視し凝視された思い出を神聖化する傾向をもつ。邂逅と謝念と、私はこれを人生の基本とみなしたいのだ。その人がどのような世界観をもとうと、また思想的立場の如何にかかわらず、この基本だけは同一だと私は思う。感謝という言葉も使い古され、濫用の結果、臭味さえ帯びているが、私たちが人生を人生として確認する気持の中には、必ず何らかの意味での感謝の念がある。ただ人に向かって感謝を強制するとき、それは悪徳となる。

　ところで邂逅にはいまひとつ大切な面がある。それは師でも書物でもいいが、邂逅の感動は、「私」を放棄させるということである。たとえばすばらしい絵画に接した場合、感動が深ければ深いほど、それを模倣しようとするだろう。即ち自己を捨てて、従おうとする。すべて芸術の訓練は、邂逅と感動と模倣と、こういうかたちをとるものだ。「個性」を得ようとするものは「個性」を失い「個性」を捨てようとするものはこれを得る。つまり邂逅の深さは、自己放棄を教えるということだ。そして模倣こそ大切である。

これは師の場合でもそうだ。その師の跡に従って、その師の言動をすべて模倣する。第三者からはぎこちなく思われたり、滑稽視される場合もあろう。しかし人間は模倣を通して形成される。自分の尊敬し心酔する人物――生者と死者をとわず――それを有している人は幸福である。成長してから後にたとい否定しても、自己滅却の訓練はその人の背骨として残るだろう。

邂逅と自己放棄

邂逅と自己放棄、そこにはじめて転身ということが起る。人間の再生と言ってもよいが、これが人生の核心である。人間は母の胎から生まれたというだけで人間には成れない。そこには動物的年齢があるだけだ。人間として精神年齢を得るためには、人間はみずから生まれ変らなければならない。

ところで転身とは何か、再生とは何か。くりかえし述べてきた邂逅による開眼である。今まで見えなかったものが、見えてくるということだ。盲人が、何ものかに邂逅し信従することで眼がひらいたという宗教的伝説がよくあるが、伝説として笑い去ることはできない。問題は「心眼(しんがん)」がひらくということだ。私たちは自分では眼あきのつもりでいて、実際は盲人にひとしいことがよくある。自分は盲人ではあるまいか。そういう疑いをつねに自分に対して抱いていることが大切だ。

私たちの日常をかえりみると、たとえば読書などでしばしば経験することではなかろうか。ある本を読むことで自分の盲目に気づき、開眼せしめられることがある。感動の深さとは開眼の悦びと言っていい。そういう時を、人生の中で一番尊重していいのではなかろうか。

　そのときその本の著者は私たちにとって「師」である。「師」によって転身を促されたのである。読書の場合など小さな経験と思うかもしれないが、小さな経験のつみかさなりが大きな転身をもたらすこともある。あるいは迷いに迷っているとき、苦しみの涯（はて）に、ひとすじの光明を与えられて、転身を促されることもある。人によって様々であろうが、生涯を通じて、こうした経験をつむことで、私たちは人間として成長してゆくわけである。

　しかし転身とか人間の再生は、ある決定的なすがたを必ずしもとらない。という意味は、これで万事解決したとか、悟ったとか、全く生まれ変ったとか、そういう状態を必ずしも指すのではないということだ。今まで見えなかったものが見えてくると言ったが、そうならば、それは新しい苦悩や危機感を私たちにもたらすであろう。人生や社会について、今まで知らなかったことがわかってきて、かえって苦悩を深め、自分の非力を痛感するようになる。つまり転身とか人間の再生は、新しい危機を生きる力を与えられることで、危機の解消ではない。安心立命（あんじんりつめい）ではない。

　これが大切な点だ。そして危機はむしろ自己の内部に起る。宗教上の上でも、また様々な思想問題でも、そこに没入して、それを信じ、自分はたしかに転身したと思いこむことで独善的になる人がよくある。転身の喜びはもっともなことだが、人間のかなしさはすぐそれを固定化しやすい。宗教上にとくにいちじるしい現象で、即ち宗派根性（こんじょう）におちいったり、セクト化する。自分が得たと思いこんでいる「信仰」のあるいは「思想」の私有化が始まる。それを安心立命と心得る。

　私有財産を捨てることはむずかしいように、私有観念を捨てることはむずかしい。信仰だけでなく、学問とか知識の場合も同様で、一旦「自分のもの」にした以上はそれを失うまいと固執する。人間はみな我執が激しいが、転身によってかえってそれが激しくなることがある。

邂逅の謝念という言葉を、私がしばしば使うのは、ひとつにはこの固定化や独善性の危険を考えるからである。「自分のもの」とは、ほんとうは「自分のもの」でなく、邂逅によって「与えられたもの」である。自分が自力で転身したのでなく、転身せしめられたのである。言わば自力性を捨てるという意味で、私は邂逅の謝念という言葉を用いたのである。

私の信仰、私の思想的立場、私の観点、そういうものが存在するのはたしかだが、同時に、いつでもそれを捨てる覚悟をそれ自身のうちは所有していなければならない。最上の叡智とは「無心」ということであろう。私たちがそこに到達するのは至難だが、日常の心構えとしては、固定化や独善性への絶えざる警戒が必要なのである。

人間内部への明晰（信仰の根本にあるもの）

私はさきに、今まで見えなかったものが、明らかにみえてくるということを語った。一体何がみえてくるのか。これは信仰の最も大切な問題である。「宗教は民衆の阿片なり」とはマルクスの有名な言葉だが、宗教史をふりかえると、宗教が阿片的役割を果してきたことは否定できない。信ずることによって、盲目になる場合がある。社会や人生や人間を徹してみつめる能力を、麻痺させるような役割を果すことがある。とくに宗教が大きな宗教派を形成し、政治的権力性を帯びるとき害毒は大きい。

外国に例をとるまでもなく、戦争中の国家神道を思い出しただけで充分であろう。神道の純粋性が、純粋のまま、たとえば本居宣長の教えのように「私的なもの」を斥け、その宗派化や権力性をつとめて排したならば、むろん何らの害毒を及ぼさないが、国家権力にむすびつく場合は、信ずるか信じないかは、ただちに人間の生活権に影響を与える。事実上、信仰の自由は失われる。戦争中、国家神道を公然と否定したならば、ただちに刑罰をうけたであろう。一種の宗教裁判が存在したのである。こういう条件のもとでは、国民全体が盲目となる。

個々人の場合でも、たとい信仰の自由があっても、私が前節に述べたように、「私有化」され「固定化」されるとき、そのことでその人は盲目となる。開眼を促すはずのものが、逆に盲目をもたらす。そして独善性の危険に見舞われない宗教はおそらくあるまい。

しかし「宗教は民衆の阿片なり」とは一面の事実にすぎない。その本来のすがた、すなわち始祖たちの言動に直結するならば、たとえば釈迦自身、キリスト自身の教えに接するならば、全く異なった新しい生命の源泉を見出すであろう。宗教の肯定否定は、始祖の教えとの直接的な対決においてのみ為さるべきである。経書の一字一句と自分とのあいだにおける持続的な対決こそ大切である。そういう戦いのはてになお宗教を否定したとき、はじめて真の無神論者があらわれるであろう。

現在の日本でも「無神論者」と自称する人はある。しかしよくきいてみると、宗教への無関心に発している場合が少なくない。宗教に無関心であることは無神論ということとはちがう。それは単なる無智か思想上の怠慢にすぎない。真の無神論者とは、神との永続的な対決の経験を有しているものである。そういう対決力が私たち日本人には一番欠けているのではなかろうか。すぐ信ずるか、信じないか、即答を求めやすい。だから「転身」もすばやい。したがって根底がない。機械的な転身、機械的な対立、これはすべての思想の動きに見られるところである。

宗教を肯定するにしても否定するにしても、最低十年ぐらいの心の戦いが必要ではなかろうか。ないしは一生の課題であってもいいのではないか。それだけの努力をするにあたいする人生上の大問題なのだ。東西古今にわたって、人間はこれを追求してきたのである。神は存在するか？　仏性はあるか？　人類始まって以来の永久の問いではなかろうか。その問いを私たちも一生に一度は問うてみる義務があるのではなかろうか、人間として。という意味は、この問いは同時に人間とは何か？　という問いでもあるからである。

生命の危機感

明らかにみえてくるとは、まず人間の実態が明らかにみえてくるということである。人間とは何か。人間——この異様に複雑なものの究明の裡に神仏への「問い」を発せられる。私は発心の動機として、これまで三つの条件を挙げてきた。あえて宗教を念頭におかなくてもいい。人間であるかぎり、必ず自己の内部に感じているであろう三つの状態があるはずだと思う。

その一つは、生命の危機感である。即ち人間は必ず死によって限定されているという事実の確認である。健康なときは死を考えないが、死の方では、刻々人間にしのびよってきている。人間はいつ死ぬかわからないし、忘れていても、それは必ず到来する。絶対的な事実だ。しかし人間は死ぬべき運命にあるという自覚をもつことは、そのことで悲観的になったり厭世的になるためではない。逆に「死」は「生」を確認させる。つまり「死」を念頭におくことによって、自分の「生」が、ほんとうに「生」の名にあたいするかどうかを問うわけである。

私たちは自分では生きているつもりで、実は死んでいることがある。自分の希望がみたされないとき、生の悦びが奪われているとき、あるいは他人の眼だけがあって自分の眼のないとき、私たちの生存は「死」である。たとえば、職業は今日では極端に機械化され、仕事は機械の部分品のように細分化されているが、そういうところで働くのが何故苦痛か。一種の死を経験しているからである。これは産業革命以来の大きな悲劇だが、今日では「生」は職場外の休息や娯楽でようやくみたされるような状態にある。一体どうしたらいいのか。こうした社会問題が、宗教心の内部に存在しなければならないと私は思う。そういう事実が明らかにみえてくることが大切である。

同時に個々人の場合、自分の生命をまもるという点にかけては、極端にエゴイストになるという事実も知っておく必要がある。平生は口先では隣人への愛とか人類愛を説きながら、たとえば水難や火難に遭ったとき、他人をふみにじっても自分ひとりを救おうという気持になるものである。生命保存欲ほど強烈なものはない。餓死の危険が迫るときは、相手を殺してその人肉さえ食う。戦争の悲惨として教えられてきたところである。人間は時と場合によっては、そういう状態におちいる可能性のあることを自覚しておく必要があるのではなかろうか。自分がいかにエゴイストであるか。生命の危機感のうちにそれを感じていなければならない。平生の教えを全く裏切の前には崩れ去ることがある。死に対する恐怖感ほど深いものはない。ゆるぎないはずの思想とか信仰さえ、その前には崩れ去ることがある。

罪の意識

その二は、罪の意識である。この場合の罪とは、むろん法律的な意味での罪だけではない。全く外部にはあらわれない心の中で犯す罪である。その最もいちじるしいのは姦淫と殺人であろう。一種の頭脳的犯罪と言ってもいいが、キリストの有名な言葉「色情をいだいて女を見るものは心のうちですでに姦淫せるなり」をもし厳密にあてはめるなら、すべての男性は姦淫の罪を犯していることになろう。またそれを挑発するような風俗や娯楽が多い。姦淫の罪を犯すことなく街頭を歩む男性は少ないと思う。

情欲は食欲や物欲とともに、人間の三大欲望である。この中で一番根本となり、それだけにあさましさを感じさせるのは食欲であろうと思うが、その次は情欲である。人間としてこれを所有しないものは人間とは言えない。生きる本能として誰でも所有しているものだ。しかし、人間社会ではこれを自由に発揮することはできない。恋愛の自由というが、情欲という点から考えると自由はない。誰もが無拘束に任意の人と情欲をみたしたならば、社会の秩序は成立しないであろう。

それで人間は心の中で姦淫することを覚える。当然だとも言えるが、しかし外部にあらわれた姦淫が非難されたり、罰せられたりするならば、内部の姦淫もまた罰せられて然るべきではないか。すなわちそれを「罪」として感じなければならないのではないか。少なくともそう感じさせるものであって、人間は幾分でも浄化されてゆくのではなかろうか。

人間はまた心の中で殺人を犯すことがある。自分が憎いと思う敵手（あいて）、それは職業上の敵でも恋の敵でもいい。とにかくそういう相手の不幸や死をねがう気持がある。言うまでもなく嫉妬心や憎悪にむすびついているが、相手の死を願う気持を、いきなりそのまま外部にあらわすと殺人になる。実際にそれを行なう人もあるが、大部分は内心で抑えているのだ。

フランスの哲人ヴァレリイの有名な言葉がある。「もし人間の眼差（まなざし）が妊（はら）ませることができたなら、街上は妊婦で一杯になるだろう。もし眼差が殺すことができるなら、街上は死骸で一杯になるだろう」。そのように人間は、心の中で何を考えているかわからないのである。お互いに内心を見ぬくことができないから、そしらぬ顔をしているだけである。外部からは絶対にみえないこのような姿が、明らかにみえてくるということが重要ではなかろうか、自分自身において。そこに自発的な罪の意識が生ずる。

病者の自覚

その三は、病者の自覚である。病気のとき、神仏に祈る場合はいくらでもあるが、私自身はまず医学を信用したい。できるだけの手段をつくして医者にみてもらうべきだと思う。邪教などによくみられる迷信を私は好まない。しかし、いくら手をつくしても不治の病というものはある。あるいは瀕死の危機もある。そういうとき、何ものかに祈りたくなる気持は誰にでもあるであろう。自分の肉親や愛人が大病のときも同様だ。人力をつくして、なお祈る気持は万人に与えられているわけで、私はこれを無視できない。

　ところで私のもうひとつ指摘したいのは、肉体の病気と同時に精神の病気である。いわゆる精神病なら誰にでもわかるが、自分では決して病気ではないと思っているところの病者がいる。すなわち現代人たる私たちである。その例は無数にあげられるが、たとえばセンセーショナリズムの犠牲者として？　現代人を考えてもよい。日々どぎつい事件が報道されるが、そういう事件の刺戟がなければ、事件を事件として感じることができないというのは一種の病気だ。

　惨死体の写真をみなければ、惨事を惨事として感ずることができないという神経と、自分に直接関係がなければ、どんな残酷（ざんこく）な事件でも見物してやろうという神経と、センセーショナリズムの作用からくるこの凄烈な刺戟の結果は、人間を次第に無感覚動物に化してゆくのではなかろうか。刺戟はさらに刺戟をよぶものである。その中毒症状のなかで、一種の不感症になっているのが現代人の特徴ではなかろうか。

　またラジオ等を通して、十分か十五分おきぐらいに、全く相反する様々な音響を聞く。異質的なものの同時存在と同時享受は、意識しないうちに私たちを一種の精神分裂症に導いているのではなかろうか。つまり精神がいつも極端な分散状態におかれているということだ。これらのことを自覚しているのが即ち病者の自覚である。私たちは様々の意味で病める存在なのだ。そして自覚することとは言うまでもなく抵抗である。健康状態をとわれて、どこも悪いところは絶対にない、百パーセント健康だと答える人があるが、そういう人をよく見ると、頭が悪い。

信仰は人間に明晰の眼を与えるものでなければならない。と言うのは、今のべたような三つの条件をつねに明らかに、自己の内部に自覚していること、そういう意味での明晰性をこそ信仰が与えるものだと私は言いたいのである。人間を盲目にするのでなく、人間の内部ふかく隠れているものを照明する。即ち明らかにみえてくるということが大切なのだ。信仰がそうであるならば、信仰をもつということは、気が楽になることでもなく、「救い」が到来することでもない。逆に「救われ難い存在」としての自己が明らかに見えてくるということである。そこに邂逅の一番深い意味があるのではないか。「救われ難い存在」としての自己を、知らしめられるということが一種の救いなのではないか。

同時に宗教を否定する人は、いまの三つの条件を全くそなえていないか、あるいはそれを自覚しても、自分の力だけで克服しうると自信を持っている人である。私はそういう人も否定はしない。何故なら健康な人に医者は必要がないからだ。ただ病めるもの、心貧しきもの、罪を感じているものにのみ必要なのである。だから宗教は、清浄なものにむすびつくと同じ程度で、不浄なものに根をおろしているのである。キリストの接している人間をみればわかる。泥棒とか娼婦とか癩者とか罪人である。そして彼は、学者や偽善者を最も憎んだ。

宗教は言わば人間の恥部に、ないしは悪にむすびついたものである。信仰を求める心とは、こうした人間の弱点や悪に開眼せしめられることである。信ずることによって見えてくるということだ。したがって、まことの信仰者は深い人間通でなければならない。人間の実態をあきらかに知ることだ。そういう明晰性をもたない信仰を私は疑う。同時に「自分の信仰」そのもののもつ危険についても、絶えず疑っていないような信仰者をも私は疑う。

幸福に導くもの

聞思(もんし)と奉仕（幸福の根本にあるもの）

信仰は人間を幸福にするか。この問いを考えてみよう。幸福という言葉はかなり主観的でまた個人の内面に関係しているので、一般的定義を与えることはできない。しかしすでに述べたように人生の一大事が邂逅にあり、また信仰が明晰をもたらすものであるならば、幸福の原理となるものは、平凡な言葉だが「諦念」ではなかろうか。私たちは、幸福という言葉に、つい「安心」という意味をふくめて考えやすい。この言葉には、たしかにあらゆる意味で「安心」が含まれているし、人間がそれを欲するのも当然だが、私はむしろ不安を生きぬく勇気を「幸福」という言葉のなかに含めたい。諦念は勇気の母でなければならない。

そして不安を生きぬく勇気の根本に、聞思(もんし)と奉仕があると言いたい。私は今までもしばしば例として引用したことがあるが、聖書に出てくるマルタとマリアという姉妹をここでも考えたい。キリストの親友にラザロという男があって、マルタとマリアはその姉妹である。キリストはしばしばラザロ家を訪れて、姉妹と話しあう機会があったらしい。

ところでマルタとマリアは、正反対の性格の女であった。キリストが訪れると、マルタは甲斐甲斐しく支度して、さっそく台所へ駆けつける。キリストをいかにもてなそうかという思いで、彼女の心は一杯になる。ところがマリアの方は反対に何もしない。キリストが訪れたときくと、さっそくその足もとに横たわり、彼の語るところを一言も聞きもらすまいと熱心に耳を傾けるのであった。キリストはこういうマリアを愛した。饗応に忙しいマルタは、妹のこうした「怠惰」が気に入らない。なぜ台所で一緒に働かないか不平である。「ルカ伝」第十章に次のようにかかれてある。

「マルタ饗応のこと多くして心いりみだれ、御許（みもと）に進みよりて言う『主よ、わが妹われ一人のこして働かすを、何とも思い給わぬか。かれに命じて我を助けしめたまえ。』主、答えていい給う『マルタよ、マルタよ、汝さまざまの事により、思い煩（わずら）いて心労す。されど無くてならぬものは多からず。唯一つのみ、マリアは善きかたを選びたり。これはかれより奪うべからざるものなり。』」

善きかたとは、言うまでもなく神の教えを聞くことであり、キリストにとってはこれが最上の饗応であった。彼のため台所で働くマルタは叱られ、何もせずただ彼の言葉を聞くマリアは賞讃される。これは愛の不公平というものではないかと、フランスのカトリック作家モオリヤックはその『イエス伝』で述べている。一見不公平のようにみえる。しかしマルタの愛は決して否定されてはいない。キリストが彼女を戒めたのは、「思い煩いて心労する」その態度である。もしマルタがマリアに対して羨望も嫉妬も抱くことなく、ただ黙々として台所で働いていたならば、おそらくキリストはマルタを指して、マリアにこう言ったであろう。「マリアよ、マリアよ、彼処にも善きかたを選べる一人の女あり」と。

私はここに女性の二つの型をみるとともに、また幸福の二つの型を思うのである。自分の信愛する人の言葉を聞き、そして思う。この聞思ということは信仰の核心である。愛情の核心と言ってもよい。たとえば恋人としてマリアは理想の女性であり、世話女房としてはマルタが理想の女性であろう。モオリヤックは、もし一人にしてマルタと同時にマリアであるような女性がいたならば、それこそ最高の理想的女性であろうと言っている。

しかし私の言いたいのは、そういう理想型よりも、信仰や愛を中心に考えるときの二つの型である。即ち聞思と奉仕である。聞思がなければ奉仕もないことはたしかだが、奉仕し献身して悔いない人がある。信仰の最も美しい行為と言ってよい。しかも奉仕は無報酬の奉仕でなければならない。マルタは台所で働きつつ、その献身において沈黙していたときが一番美しいと言えよう。聞思と奉仕を兼ねそなえるのが理想的にちがいないが、下づみとなって黙々と奉仕する人がなければ、聞思する人もいない。集団においてはこの分業はとくに大切なことである。社会生活も同様である。そしてどちらに対しても、優劣をつけるべきではない。

無心になって初めて意味をなす「奉仕」

聞思（もんし）も奉仕も、根本は邂逅の謝念に発したものである。聞思によって学び、奉仕によって社会的に実践する。しかし「奉仕」という概念は、深い聞思を伴わないときは危険である。何故なら宗教が権力性を帯びるとき、その権力への奉仕とたちまちむすびつくからである。さきに述べたように、戦争中の国家神道はただちに国家への奉仕にむすびつけられて強説された。奉仕の対象は権力であってはならないし、また自己中心であってもならない。キリストの説いたように正しくそれは「隣人への愛」でなければならない。

しかも「隣人への愛」は、それを誇示するかたちであらわれてはならない。慈善事業や布施など、実行しないよりは実行した方がいいが、隠れた行為として為すべきで、かりそめにもそれをあらわにしてはならない。宗教にありがちの「愛の押し売り」ほどいやみのものはない。聞思は孤独者のひそかな瞑想である。奉仕もまた祈りと同じように、隠れたところでひそかになさるべき行為であり、奉仕は奉仕という外観を呈してはならない。

こういうことは人間としては実にむずかしいことだ。一種の自己満足におちいり、それを幸福と思いこむことがよくある。幸福についての自己判断は危険である。むしろ幸福など考えないとき、聞思と奉仕の純粋性のうちに、言わば「無心」のうちに、それはおのずから宿っているのだと言った方が一番適切ではなかろうか。信仰はつねに「自己」を捨てることを教える。人間としては至難なことだが、聞思においても奉仕においても、いつも邪魔するのは私たちの「自己計量」である。あれこれと思い煩って、打算的になったり、功利的になったり、あるいは「救い」を自分で計算したりする。そこでの自己満足を幸福と錯覚してはなるまい。信仰は人間を幸福にするか?

己を空しくして聞思するものは幸福である。

己を空しくして奉仕するものは幸福である。

邂逅の謝念に生きるものは幸福である。

同時に明らかにみえるものの苦悩を担わなければならない。苦悩を伴わない幸福は存在しない。完全なる平安は、人間には与えられていないのである。

現代人と宗教

知識人の無関心ぶり

現代の日本で、知識人とよばれる人ほど、宗教については無関心である。日本は仏教国ということになっていて、各人の家は、たいていどこかの宗派にぞくしているが、法事か葬式のときに思い出すだけで、あとは冷淡なものだ。現代仏教が時代への適応力を失っていることも事実だが、坊さんだけがわるいのではあるまい。自分の家の宗教に対し、それを肯定するか否定するか、厳密に考えない知識人自身もまた、怠慢のそしりは、まぬかれまい。

明治以来、われわれは西洋文明をうけいれ、さまざまの点で洋風化してきたが、肝心のキリスト教については、それに対する自分の心の位置を明確にしようという風習はほとんどなかった。明治には内村鑑三、植村正久、新島襄のようなすぐれたキリスト信徒がいて、当時の知識階級に深い影響を与えたが、今ではそういうふんいきも見当らなくなった。クリスマスだけは盛大だが、キリストの教えとまともに取組もうといった態度はない。

共産主義者は、はっきり宗教を否定し、無神論者ということになっているが、バイブルを一度も読んだことがないという驚くべき「自称無神論者」が多い。つまり無神論以前であって、いまの日本に果して無神論者がいるか私は疑問に思っている。

宗教の存在するところ必ず無神論も存在する。私はここでは現代に一番大きい影響を与えたマルクスの無神論――宗教批判について語りたい。むろん無神論の一形態にすぎないが、これに基く思考方法が現代では非常にひろがっている。マルクス主義者でなくても、宗教に批判的な人、あるいは反感を抱いている人は、無意識ながらこの考え方を採用しているので、私はとくにとりあげたい。私自身も青年時代には次のような言葉に心酔した一時期がある。

「宗教の批判こそは一切の批判の前提をなす」

「天国という空想的実存の中に一つの超人を探し求めながら、しかもそこには彼自身の反映のみを見出すにすぎなかった人間は、彼が自分の真実の実在を求め、またこれを求めなければならぬところに、ただ彼自身の幻影のみを、即ち、ただ非人間のみをもはや見出そうとしないであろう」

「宗教的苦難は、一つには現実的艱難（かんなん）の表現であるとともに、また一つには現実的艱難に対する抗弁である。宗教は抑圧された活きものの嘆息であり、また魂なき状態の心情であると等しく、それは無情の世界の感情である。即ち宗教は民衆の阿片である」

マルクスの初期の著作、『ヘーゲル法哲学批判序説』の一説である。これを書いたときマルクスはまだヘーゲル学徒の一人にすぎず、後の哲学体系は完成していなかった。しかし後の唯物史観の芽生えはすでにこの短い文章の中にも見出すことができるであろう。神が人間を作ったのではなく、人間が神を作ったのだ。神とは人間の反映であり、現実的艱難の表現であり、苦悩の嘆息だ。それを正視せず、むしろそれを麻痺させるために存在するが故に宗教は民衆の阿片だというのである。これを書いたとき、マルクスの念頭に具体的には何があったか不明だが、この宗教批判は果して正当であるかどうか。

マルクスの宗教批判

まず第一に、従来の意味での宗派宗教とそこで固定化してしまった僧侶牧師たち、あるいは宗教が権力と結びついて民衆支配に一つの役割を果したという面から考えると、私はマルクスのこの批判は正当だと思う。宗教は組織化され「派」として拡大するにつれて、おそろしい影響をもたらすものである。宗教は何よりもまず「明晰の眼」を与えるものでなければならぬと私はくりかえしたが、逆に人間を盲目化する場合も多い。とくに危険なのは宗教的惰性である。私は一度書いたことがあるが、たとえば、戦争のとき、人は人を殺しに出かけるために神に祈る。キリスト教徒とキリスト教徒、あるいはキリスト教徒と仏教徒とが、神仏の名を叫びながら殺しあうという この恐るべき矛盾を見のがしてはならない。そして戦争が終ると、再び神仏に祈って後悔し平和を誓ったりする。このとき、宗教は阿片どころではない。殺人のための促進剤となりあるいは鎮静剤となる。「殺すなかれ」という神の法律を信じつつ、大量の殺人が行なわれる。人類はこの矛盾をくりかえしてきた。

ところで第二に、次のような問題が起る。宗教批判は、ではこれだけで完全であるか、マルクスの右の言葉は、宗教の存在の仕方と役割に対してたしかに一面の批判となっているが、その方法に問題がある。西洋の場合には、直接的には聖書との対決である。私はいままでキリストの言葉をいくつか引用したが、その一つ一つを自分の心の底で味わい、自己に即して果して正当であるかどうか、この対決こそ宗教批判の根本ではなかろうか。たとえば「汝の隣人を愛せよ」という言葉一つにしても、実践的に考えるなら大へんなことになる。果して民衆の阿片であるかどうか。

マルクスの宗教批判の一番大きな欠陥は、キリスト自身の言葉との直接的対決がないことである。聖書の中の一句すら出てこない。これはどういうことであろうか。たとい無神論者であっても、西洋人として聖書を読まなかったはずはない。あるいは全然読まなかったのであろうか。聖書に直面しない宗教批判などありうるだろうか。もしキリストの言葉を引いて対決し、キリストの言葉すら否定するならば、宗教批判ははじめてそこに成立するだろう。無神論者の名にあたいするであろう。この根本を忘れたところにマルクスの致命傷があると私は思う。

しかしこれだけでマルクスの学説を斥ける(しりぞ)のもまたまちがいである。何故なら、キリストの教えがいかに見事なものであっても、現実に存する社会の欠陥や生活苦を克服するための政治的な力にはならないからである。

キリストへの現代的「こころみ」とは「マルクス」ではなかろうか。マルクスがキリストとの直接的対決を避けたように、もしキリスト教徒がマルクスとの直接的対決を避けたならば、同様の欠陥におちいることになろう。

宗教は「現実的なるもの」を終局の目的とはしないが、しかし「現実的なるもの」に盲目であってはならない。もし盲目であるならば、宗教は民衆の阿片だという言葉は当然としてうけとらなければならない。

少なくとも現代宗教にとっての最大の問題がここに起る。即ち宗教と共産主義という問題である。それは直ちに宗教と政治との関係にもなるであろう。それがいかに困難であっても、我々は避けてはならない。すべての宗教信徒はこれを避けてはならない。マルクス主義は今世紀の最大の課題であり、世界を蔽う強大な現実的力だからである。たとい解決の見とおしがなくとも、つねにこれとの対決の持続が大切である。ところで宗教と共産主義は、その心情の点で相似ているところがある。私はかつてそれを五つの点について述べたが、ここにもう一度それをくりかえしておきたい。

その一は、仏教でもキリスト教でも、宗教はその本来の性質から言って一種の共産体を目ざすものである。根本的には私有財産を認めない。一切を捨てて信ずる。いわば無執着の境地を目ざすことは明らかであろう。少なくとも「私有財産制」の否認を宿すという点で、共産主義と心理的に類似している。

その二は罪の意識である。いかなる宗教も必ず人間の心の内存する罪悪感を呼び起すわけだが、共産主義ではそれが外部に向けられる。いわば社会的な意味での罪悪感が強調される。即ち搾取の罪や圧迫の罪である。一切の社会不正をゆるさないという点での罪悪感があって、この点でも宗教と共産主義は共通するものをもっている。

その三は、終末感である。たとえば仏教における末世、キリスト教における最後の審判、それに対して共産主義は「人類の前史」は終ったと宣する。資本主義社会の終焉という点を強調する。こうして終末という点でも両者は気分的に類似している。

その四は、絶対的な帰依の情である。いわば堅い信仰が要求され、信仰のための自己犠牲が尊いとされる。すべての宗教は受難を聖化するが、共産主義の党派もまた絶対服従を求め、犠牲者を聖化することにかけては宗教的である。時にはファナティックにさえなる。

その五は、未来に関する夢――ユートピア希求である。キリスト教における天国、仏教における浄土、それに対して共産主義の理想社会が構想される。一方は天上に、他方は地上に。そういう根本的な差異はあるが、未来感を抱くという点、宗教と共産主義とは類似している。

ところで、この五つの点の類似は、もう少し根本的に考えてみると、徹底的に相反する要素をそれぞれもっている。その中で最も明確なのは、さきに述べた権力の問題である。宗教は歴史的にみて権力をもったか、権力と結合した時代はあるが、その本来の精神から言えば一切の権力を否定するものである。宗教が権力と化して、いわゆる宗教裁判が行なわれたような時期はたしかにあったが、これは宗教の転落である。

これに反して、共産主義は何よりもまず、政権の奪取を志すものである。しかも暴力革命による奪取である。たとい暴力を伴わないまでも、政権奪取という点で宗教と共産主義は永久に相容れないと言っていいだろう。保守的な政治勢力とむすびつくか、むすびつきやすいが、それも根本的にはまちがいである。人間は政治的に生きざるをえない。政治の圏外に去ることはできない。

これは事実だ。しかもなお常に政治からの分離を宗教は核心においてもっているものである。矛盾にちがいないが、この矛盾そのものが宗教を信ずるものの内的戦いだと言ってよかろう。おそるべきはむしろ矛盾の忘却だ。そのとき人は、信仰者を粧いつつ平然として政治悪の中に身をおくかあるいは逆に社会に眼を閉じて盲目となるか、いずれかの危険におちいるであろう。

ところで日本は無宗教時代かというと、神道あり、仏教あり、キリスト教あり、さまざまの新興宗教も庶民のあいだでは盛大である。そんなら宗教時代かというと、宗教的に空白な時代だと言う。知識人はむしろ軽蔑することで、国民から遊離している。

私はなお二つの点をここで述べておきたい。その一つは「阿片」ということだが、阿片化しやすいのは宗教だけでなく、すべて一流の思想は、阿片として通用する危険をもっているということだ。それは猛毒をふくむから、取扱い方如何によってあらゆる危険が生ずる。とくに日本のように外来思想の流入が激しいところでは、思想は観念的にうけいれられる場合が非常に多い。土着するための時間がないために、翻訳臭を帯びたまま流布し、それを自己陶酔の具にすることがある。このときも思想は阿片化する。共産主義そのものすら民衆の阿片となることがある。つまり公式主義である。公式主義とは思想の阿片化した一形態ではないか。

いまひとつ大切な点は、さきにも述べた対決力のことである。無神論とは、私の考えによれば、キリスト教そのものと直接的に相まみえ、悪戦苦闘のあげくそれを克服した人のことである。十年二十年あるいは生涯の戦いを要するであろう。それでもなお不可能かもしれない。一体かかる対決を持続した無神論者が存在するだろうか。

この問題について、私はこの本の中にも何回もくり返して書いているが一体どういうことなのだろう。私はこうした現状のあいまいさに、やりきれなく思うことがある。この「あいまいさ」を「ヒューマニズム」という言葉でゴマ化しているように思われる。むろん宗教への態度決定は、かるがるしくは言えないにしても、とくに知識人のこの無関心ぶりは、なにか大きな盲点となっていないか。以前にも私はある雑誌でふれたが、われわれの「思想的対決力の貧しさ」「思想への無責任」のそもそもの原因が、こんなところに発しているのではないかと思うのである。宗教への逃避は非難されるが、宗教からの逃避も思想的怠慢として非難さるべきではなかろうか。これが第一の問題である。

戦後アジアの諸国が独立したが、その信念の中に、さまざまなかたちで宗教精神が流れていることを私は興味ふかく思っている。ガンジーが最も偉大だが、今のインドとかビルマとかタイとかセイロンの政治的指導者のうちにも独自の宗教精神は流れているようである。

中国はマルクス・レーニン主義を奉じているが、翻訳だけではむろんあるまい。それにプラスして、あるいはそれを内から支えるものとして、中国固有の「徳」の精神といったものが巧みに伝承されているにちがいない。

私自身そういうことを詳しく知りたいと思うがいわゆる東洋思想とよばれてきたものが、今後の世界の思想界で、どういう役割を果すか。たとえば仏教なら仏教が、このまま衰滅してゆくものなのか、それとも一つの大きな可能性をもつものなのか、われわれにとっても大切な課題だろう。

このことは、西洋のさまざまな思想に対抗するためというのではない。逆に新しい世界における思想的充実性のためである。東西として考えられなければならないと思う。同じアジアといっても、日本はひどく特殊な文化圏を形成しているが、やはりこの点についての思想的責任はある。これが第二の問題である。

宗教と人間の矛盾

日本固有の宗教事情と、東洋思想の可能性と、この双方を考えて、できるだけの明確さに達したいというのが私の希望である。しかし宗教というものは、人間の罪悪に根をおろしているものだけに、矛盾や、それ自体の「危険」をつねに伴ってきた。仏典でも聖書でも、殺人などすすめているわけではないが、われわれは過去二千年間、神仏の名を唱えながら戦争してきたという事実をみとめなければならない。現代の宗派宗教の堕落、邪教インチキぶりはいつも非難されるがそれよりも戦争という大犯罪をめぐって、宗教は何をしてきたか、これは他の諸思想より一歩先んじて考えておかねばならないことである。

神仏に祈って戦場に行き、人を殺し、戦いが終れば神仏の前にざんげし、これをくりかえしてきたのであるから、場合によっては、阿片よりもっとひどい毒薬かもしれない。少なくとも人間はそういうふうに宗教を汚してきたのではなかったか。人類の矛盾の中の一番ひどい矛盾かもしれない。宗教を考えるとき、まずこの矛盾を直視すること。犯罪のにおいのまつわりついたものであるというその現実から出発する以外にあるまい。これが第三の問題である。

もっとも仏教、キリスト教をとわず、宗教の時代は過ぎ去って、社会主義の時代が到来したともいえる。宗教と社会主義、共産主義とならべて、知識人はどっちに敏感かというなら、むろん後者だ。共産主義は宗教を否定した後の新しい型の宗教といえるかもしれないし、ロシア革命以来わずか四十年の歴史しかもっていないから、今後百年間にどんなふうに変質するか予想もつかない。二千年の伝統をもつキリスト教に比べたら、あまりに若すぎる。

ただ現代で、ひとつだけハッキリしていることは、どの地域に起った戦争であれ内乱であれ、流血ということに対し、人類全体が非常に敏感になったことだ。原水爆の影響は決定的である。今日では、ある一地域の内乱でも世界戦争になる可能性がある。残された道は、各国がそれぞれの独自性において、どうしたら平穏のうちに、自国を改革しうるか、その方法の発見にある。他国に発見してもらうことも、他国を模倣することも悲劇だ。

宗教が、社会主義、共産主義を敵視する時代はすぎた。相手がたとえ敵視しても、いまわれわれにとって第一に大切なのは、自分の立場こそ唯一絶対に正しいと思うその情熱から解放されねばならぬ。既成のすべての立場の解体が始まってよい。その上で人間の新しい結合のために何をなしうるか、これが第四の問題である。

無学と文盲

私たちはよく「思想」という言葉を使うが、それは一体なんだろう。言葉というものは、きびしく追究してゆくと実にあいまいなものだが、この場合私はごくそぼくに、「思いつめる能力」というふうに考えておこう。たとえばどんな無学な人でも、生活苦におちいって、親子心中しようと思ったり、また愛児に死なれて半狂乱になって、これから一体どうして生きようかと思いつめたとき、その人は、思想家たる最低の条件だけはそなえているということだ。新興宗教はつねに嘲笑され、時にひどいインチキもあるらしいが、すべてこの条件の上に成立している。邪教は排すべきだが、無学の人に宿るこの一念だけは絶対に無視できまい。

私がいまさらこんなことを言うのは、宗教でも共産主義でも実存主義でも、およそ思想とか社会問題とか名のつくものなら、なんでも説明できる知識人が一方にいるからである。ある思想について説明できるというだけで、自分にも思想があると思いちがいしている場合が多い。私のような評論かきが真先にこの危険におちいる。邪教のインチキにひっかかるなと言うが、思想説明屋のインチキにもひっかからない方がよかろう。つまりさまざまの思想を説明できる人間の、無思想性を警戒せよということだ。

私はむろん学問を尊重する。ただ長いあいだかかって築きあげてきた学問とか教養が根底からひっくりかえってしまうような場合が人生にある。死にのぞんだり、情痴に狂ったり、夫婦げんかのときは、大学教授も裏長屋のおかみさんも大差ない。そういう意味での自分の「無学文盲」

ぶりを自覚することが私には大切のように思われる。天下の大問題ばかり論じていて、日常のこうした生活の上で思いつめる能力を失っていたらコッケイではなかろうか。

立場というもの

先に「いまわれわれにとって第一に大切なのは、自分の立場こそ唯一絶対に正しいと思うその情熱から解放されることである」と私は書いた。その「立場」とは一体何か。だれでも一番目につくのは、いうまでもなく党派の立場と宗教の立場であろう。あるいは人はそれぞれ「立場」と称するものを持っているか、持ちたがっている。それはもっともなことだが、たとえば「私」なら「私」の考える立場なるものは、一皮はいでみれば実に不安定で、あやまりにみちたものである。それを自覚し、いつでもそれを捨てる覚悟をひそめていなければならないということである。

あたりまえの話だが、われわれは、私有財産を捨てられないように、私有観念を捨てられない。信仰でも知識でも、いったん得たものは、貯金通帳のように後生大事にまもって放さない。ひとりでそうしているならまだいいが、私の一番いやなのは、党派でも宗派でも、自分の立場こそ正しいから、自分の方へお入りなさいとすすめるあの宣伝というやつだ。おまえも自分のような信仰をもて、主義をもてとは、人間をみくびった失礼きわまる態度ではなかろうか。人を説得してやろうという下心を私は好まない。

だから仏教という立場もふりまわしてはならない。

消滅するなら消滅してもよい。宗教という言葉もなくなったって差支えない。日常の行為における内的充実性だけが問題である。そこに黙って存在するだけで、人をひきつける魅力というものがある。実践とはそういうことだ。いまは宣伝の世の中だが、どうしても宣伝したいなら「立場」の欠点の方を告げた方がよい。大敵は必ず内部にある。道徳家とは自分がいかに非道徳的な人間かを知っている人であり、宗教家とは自分が罪人ではないかといつも心配している人のことである。

懐疑ということ

信仰にとって懐疑は敵とみなされているが、果してそうだろうか。たしかに対立するものにはちがいないが、それよりもいま警戒しなければならないのは、むしろ軽信(けいしん)の方ではなかろうか。宗教だけではない。すべてにわたって現代は軽信の時代だ。軽信時代とは、判断力のいちじるしく衰弱した時代のことであり、事件でも人間でも、あっさり割切って平然たる時代のことである。

私はしばしば指摘するのだが、二種類の言葉だけを知って、どっちつかずに片づければすむと思っている人がある。たとえば赤と逆コース、封建的と近代的、保守と革新、ドライとウエットというふうに、両極の言葉だけ知っていて、どっちかに分類限定する。一見明快だが、私はこれを明快な低脳児とよんできた。ほんの一例だが、いうまでもなくその中間に盲目なのである。中間とは中間という立場ではない。そこに人間の複雑な生命、いわばニュアンスがあるということで、それを抹殺するのは人間性の抹殺ではなかろうか。

現代で懐疑の必要なのはまずこの点においてである。宗教でも共産主義でも社会問題でも、片っ端から疑うだけ疑ってみることだ。何を抹殺しているかを。そのあげくの肯定と否定の強さを私は尊びたい。現代には大きな肯定もなく、深い否定もない。軽信とあいまいさがあるだけである。

言論、表現、結社、信仰の自由が与えられていることは結構なことだ。自由すぎるという人もあるくらいだが、そんならあなたはほんとうに自由であるか。それを真剣に問う人が少ないのを私は意外に思っている。言論の自由があるからわれわれはなんでも思うとおりのことを言っているといえるか。決してそうではあるまい。世間体とか組織とか他人の眼をおそれて、自分で自由を奪っている場合が実に多い。あるいは自分で自分の「立場」にしばられて、閉口している人もある。自由の敵とは、自分の小心と、自分の「立場」への執着ではなかろうか。

第六章　平凡な日常の中を生きる知恵

常に忘れず心すべき言葉
——自分の進歩を目差して考えるとき

あらゆる領域で、よき仕事をした人とは、いつまでたっても「初心」を忘れなかった人である。——あたかも階段を昇るように、一段ずつ昇って行けば、確実に進歩するとはかぎらない。階段のまん中まで昇ってきて、いきなり下まで転落することもある。絶頂近くまできて、全然だめになることもある。つまり、一段一段が「初心」でなければならないということだ。それを私は「不易」の精神とよびたいのである。

無知ということ

無知ということばで、われわれは何を思い出すだろうか。たとえば、奇怪な迷信を抱いていたり平気で首狩りなどをする野蛮人を、われわれは無知の者と呼んで疑わない。たしかにそうにちがいない。たしかに核実験の停止すらできないでいる世界の科学者、政治家たちを、われわれは無知の者とは呼ばないのである。

文字を全く読めない人、書けない人々を、われわれは無知と思っている。それも一応はそうにちがいはないが、それにもかかわらず、見事な彫刻や陶器をつくり、歌や踊りにすばらしい才能を発揮してきた人々は、古今東西に少なくない。それは無知から可能なことであろうか。文盲がすなわち無知だと断定できるだろうか。

われわれは、教育をうけ、文字を知り、さらに学問し、教養をつんで、知識階級と称するものになっている。あらゆる問題について説明し、解釈しているが、何が一体わかっているのだろうか。教育は大切だ。しかし何もわかっていないのに何もかもわかっていると思いこむ一種の無知にまで、人間を教育しつつあるのが、現代の教育ではなかろうか。

　このことを最初に自覚していたのはソクラテスだ。彼の『弁明』は私の愛読書だが、その中で、何も知らないのに知っていると信じこんでいる政治家に対し、ソクラテスは、自分は実は何も知らないが知らないということを知っているだけ、自分の方がましだといっている。これがソクラテスの知恵である。

「念仏を信ぜん人は、たとい一代の法をよくよく学すとも、一文不知の愚鈍の身になして、尼入道の無知のともがらとおなじうして、知者のふるまいをせずしてただ一向に念仏すべし」

　法然の一枚起請（きしょう）文の最後のことばである。背後には法然の激しい自己否定がある。一切の学問、教養などの崩れてゆく内的危機を実感した人のことばにちがいない。たとえば臨終のとき、学問はいかなる役に立つか。愛欲のわなにひっかかったとき、教養はいかなる醜態をさらすか。

　信仰のさわりとなるものは「戒」の思慮分別であり、あるいは理論癖であることはいうまでもない。その一切を捨てて無知になることだ。この場合の無知とは、仏眼に映じた知者と無知者との差別のない状態に自己を投入するということである。

　念仏は中世の民衆がはじめて得た自己の思想的表現である。無学文盲の人間であっても、生きるか死ぬか、そこで思いなやみ、思いつめることはできる。どんなに素朴でも、思想形成の基本条件はここにのみある。南都北嶺の思想好きの坊主や学生よりも、民衆のこの心の方が尊いといったのが法然である。

　東西古今のすぐれた哲人とか芸術家の著作を読むたびに私は感ずるのだが、彼らは必ずどこかで「無学」であり「無知」である。徹底的に学んだうえで、いつでもそれを一挙に捨てる覚悟をもつとともに、自分は一体何を知っているか、愚鈍の身であることをつねに自覚しているということである。

知識階級というものは本来、存在してはならないものである。知的作業に関する様々の職業はある。仮にそれを総称して知識階級と呼んでいるがこんなあいまいな存在はない。

本来はそれぞれ職業名で呼び、彼らがそれぞれの職業において、どの程度で無知であるかを知ること、それで十分だ。たとえば無学文盲で、しかも一流大工であるところの人間の、その熟練度において価値を決する人間的尺度だけがあれば足りるということである。

今日最も必要なのは、かかる「人間階級」であって、知識階級ではない。

中立という観念

「中立」という言葉は、様々な意味で、様々な場合にくりかえされているが、中立とは一体何だろうと厳密に考えてみると、わかったようでわからない。右にかたよらず、左にもかたよらない。その「まん中」というふうに普通思っているが、「まん中」とは一体何だろうか。そういう知恵があるとすれば、それはどういう性質のものだろうか。中立という言葉を使うたびに私は気になるし、またたいていの人は、あいまいなままに使っているのではなかろうか。つまり空想的用語だと言ってもよさそうである。

そこで私はこの観念をはっきりさせようと思って、仏典をひらいてみた。仏典の中で私の最も愛読してきたのは維摩経(ゆいまきょう)だが、その中に、「一切の諸法は、定れる相あることなし」とか、「一切の諸法は、男にあらず女にあらず」と言ったような言葉がある。

つまりすべて真実とよばれるものには、固定性はなく、まだ男女の性別もないということだが、そう言われてみると、たしかにそのとおりだ。男性向きの真理と女性向きの真理とある筈はない。

真理はひとつだ。それを我々人間は、様々に分別して、分類限定しているわけだが、この分類限定をまず破壊してみてはどうだろうか。男にあらず、女にあらずということは、だから「中性」だということではない。「中性」もそれとしての立場をとれば限定となる。「一切の諸法は、定れる相あることなし」に背くことになるだろう。

人間社会は、何らかのかたちでの分類限定がなければ、成立しないかもしれない。われわれはお互いに、その職業とか思想とか、政治的態度を分類し限定しあって生きているが、この生き方は、人間の分別によるかりそめのものであって、いわば社会的虚構ではなかろうか。分類され限定されているうちに、自分もついそのものであるかのように思い定めてしまって、つまりは錯覚のうちに結構満足していることもある。

「中立」という観念の一番根本にあるものは、こうした一切の限定の破壊であり、無限定の生を生きることではなかろうか。「中立」をもし固執するならば、さきの「中性」と同じように限定となる。右の立場も左の立場もむろん同じことだ。すべての限定を破壊しつつ生きようとするところに、真の自由が存するのではなかろうか。最終的には、死という限定から自由でなければならないはずだ。

しかし、人間としてそんなことがすべて可能であろうか。一切の限定を破壊しようとして、そこにまず生ずるのは無限の迷いであり、彷徨ではなかろうか。さもなければ無限の妥協であり、あらゆるものに対して八方美人のように振舞うことではなかろうか。寛容は美徳にちがいない。

しかし人間は果して寛容たりうるだろうか。人間の能力としての寛容や非寛容には、必ず限度がある。限定を破壊しようとするとき、われわれの直面するのは、自己の能力の限界の自覚であり、あるいはそういう自己への絶望ではなかろうか。

そうだとすれば、「中立」という観念は、人間を越えた能力への信仰によって支えられる以外にあるまい。男にもあらず、女にもあらず、中性にもあらざるものは、即ち仏性であり、それは無限定への知恵としての仏智ではないか。それを信ずることによって、辛うじて、人間の近づきうる世界が「中立」というものではなかろうか。人間としての中立は不可能であるという自覚の上に立ったそれは中立の観念である。

中立とはだから、右でもなく、左でもなく、中立でもないということだ。人間の自覚としてはそういう自覚だ。事態の全面的考察、対象の精密な洞察、それへ一歩でも近づこうとすることだ。むろん完璧ということはない。おそらく迷いと彷徨に終始するかもしれないが、真理に近づく道はこれ以外にあるまい。

ところで私がいま述べたようなことを、政治に適用して、通用するだろうか。政治は最も厳しい限定の世界だ。そうでないかぎり行動性は得られない。そこではニュアンスを帯びることは、敗北を意味するかもしれない。ところが、各個々人は、政治家であっても、その孤独の状態においては、限定への懐疑を抱いているものだ。これが派閥の生ずる根本原因ではなかろうか。派閥とは懐疑の政治的表現のように私にはみえる。いかなる政体、いかなる時代でもそれは消滅しないだろう。少なくとも私の言うような意味では。

私がもし政治的発言をするとすれば、それは私にとっては一種の宗教的体験と言ってよい。おそらくかかる中立は、政治的には通用しないかもしれないが、しかしある断乎たる限定の方が必ず成功するという確実性もないのである。敗戦国の政治というものは、いちじるしく空想性を帯びるということにも注意したい。

消極性のもつ積極性について

われわれはよく積極的という言葉と、消極的という言葉を使う。そして前者の態度がよしとされ、後者の態度はいつもけなされる。何事につけても引込み思案で無気力なのはたしかに困るが、しかし一見消極的にみえる態度の中に、かえって恐るべき積極性が宿っている場合がある。いわゆる積極的であることは人目につきやすいが、消極的で受身の場合には人はほとんど気づかずにいる。ところが人の注目をひかないこの消極的な性質の中に、逆に人間のねばり強さが見出されることがあるのではなかろうか。私は積極的という言葉を必ずしもそのまま信用しないし、積極的な外観に対しても警戒したい。そういうとき私はいかなる知恵に学んだか。

「双六の上手といいし人に、其行を問い侍りしかば『勝たむと打つべからず、負けまじと打つべき也。いずれの手か疾く負けぬべきと案じて、其手を使わずして、一目なりとも、おそく負くべき手につくべし』という。道を知れる教、身を治め、国を保たむ道もまた然なり」

（『徒然草』第百十段）

私は以前からこの言葉が好きである。ここでいう双六とは紙双六のことではない。高さ四寸、幅八寸、長さ一尺二寸の石盤の上に、縦に中央に二線を描き、左右おのおのを十二に区画した局で、それに向かって白黒各々十五の石を持ち、サイコロ二個を投じて、その目の出た数によって石を進退させる遊戯だそうである。私は実物をみたことがないが、その双六の名人と言われた人の一家言を兼好法師はここに書きとめているわけである。

まずこれを現代風に翻案してみると、勝負のとき勝とうと思って打ってはいけない。負けまいと思って打つべきだというのである。あの手この手で、どんな手を打ったら早く負けるか、それをよく考えて、その手を使わずに、一目でも遅く負ける手につくべきであると教えているのだ。これが双六に勝つ秘訣だというのである。勝負事である以上誰でも勝とうと思うのは当然である。ところがこの名人の名人たる所以は、勝とうと思うときの積極性を戒めている点にあると私は思う。何故なら、勝とうと思うその積極性の中で、われわれのしばしば陥りやすいのは空想的性質である。勝負事に賭博性が伴うのは当然だが、それだけに偶然に頼るという空想的性質を帯びやすい。あるいは勝とうとするときのあせりを考えてもいい。当るか当らないかといった投機的な心理状態を考えてもいい。積極性そのものは大切であるにしても、積極性のもつ今述べたような様々なワナを、この名人は実によく心得ているわけである。

負けまじ、負けまじと打つべき也と、これは実に面白い言葉である。勝とうとする気持をガラりと変化させるのだ。勝負のときの心構えを、根本から転換させてしまうわけである。勝とうという気持からいったら、負けまいというのはたしかに一見消極的である。ところがこの名人は少しでも遅く負ける手を考えた方がいいというのである。私はこの言葉の中に、実にしぶとい根性を見出すのである。恐るべきガッチリ屋といってもいいだろう。兼好法師は、国を保つ道もまた同じことだと最後に言っているが、私はこれを読みながらいつも思い出すのは、第二次大戦中のイギリスと日本のとった戦術である。

イギリスは一時ドイツに散々負けてドーヴァー海峡を越えて本国に逃げ帰ったことがある。軍隊が大損害を蒙らないうちに逃げるときは必ず逃げる。つまり負けるならできるだけ遅く負ける方法をとったというべきで、ここにチャーチルの老獪巧妙な戦略と政治力がある。あるいはこれがイギリス人気質かもしれない。そして最後には周知の通り、結局はね返してドイツに勝っている。ところが日本の戦術を考えると、勝とうという気持以外何もない。逃げるなどということは、許すべからざる卑怯と見なされた。作戦の上で、すこしでもおそく負けようなどと、大胆にそれを口に出しえた唯ひとりの軍人もいなかったと思う。退却のときすら転進という言葉で糊塗した。

少しでも遅く負ける方法というものを、日本の軍人は全然知らなかったわけである。ただ勝つという言葉のもつ積極性の空想性に惑わされていたと言っていいだろう。その結果戦術がいかに賭博性を帯びるか。「神風」という偶然に頼ったり、あるいは当るか当らないかという気持になって、そのためどれほど多くの兵士を犠牲にしたかわからない。戦争といえば必ず勝つという観念だけを持っていて、「逃げる」という観念が全然なかったのだ。これは戦術的にはきわめて幼稚であることの証拠だ。あるいは正直すぎるのかもしれない。戦争だけではない。日本の外交方針もまた同様で、戦争を起す以前にできるだけ駆け引きをのばして、もし日本にとってそれが損害であるならば、どの程度の損害で食い止めるかという、消極性の上に立ったねばりづよさといったものが全然見当らないのである。

同じ『徒然草』の第百三十一段に「おのが分をしりて、及ばざる時は、速やかにやむを智といふべし」という言葉がある。つまり自己をよく知っている場合には、勝負事でも戦争でも、外交の駆け引き、その他全般にわたって、もし及ばないと直感したらただちに中止すること。この中止ということが、人間として最も大切な知恵のひとつなのである。我々日本人の共通の欠陥あるいは性格として言える思うが、この「速やかにやむ」ということを知らなすぎるのではないか。一旦始めたら最後まで、自分の限界を自覚せずに進んで行くことが多い。「死ぬ覚悟」という言葉を日本人ほどふりまわす人種はいないのではないか。そこに生ずるのは「行き過ぎ」や「動脈硬化」である。戦前戦後をとわず、われわれのつねに繰り返してきたところではなかろうか。「速やかにやめる」という、決断の知恵がはなはだ欠けているように思われる。

この名人の言葉は、芸術の道にも、日常の生活のすべてにも、あてはまると思う。たとえば事業の場合には必ず功名をあせる。成功しようと急ぐ、あるいは早く儲けたいと思う。芸術の場合には傑作意識となってあらわれる。つまり傑作を書きたいと身のほども知らずに空想するわけである。芸事なら上手にやりたいとねらうわけである。そういう気持の起ったときには、逆に消極の道を考えることがまず第一に大切であろう。心の持ち方を逆転させるのだ。もし自分が功名をあせっていると気づいたときには、逆に落伍者になるまいと心を落着けなければならない。成功しようと急いでいることに気づいたときは、逆に失敗しまいと身を慎む必要がある。金を儲けたいと思ったときには、逆に損をしまいと手固く引締めるべきであろう。

文学の上では、傑作を書きたいと思ったときは、逆に駄作を書くまいとひかえ目に地道になることだ。すべての芸能についても同じことがいえる。大勢の人の見ている前で、すばらしい演技をみせたいと思ったときは、その気持を抑えて、最小限度の失敗さえしなければよいというふうに考え直すべきである。スポーツの場合も同様だ。たとえば必ず勝たなければならぬ野球試合のときなどは、ファインプレーを試みようとしては絶対にならない。一つぐらいの失策で止めておきたいと願うべきである。自分の実力以上のことを考えないときに、はじめてすべてが自然に進むものだ。そしてすべてが自然の状態で進むとき、その人の技量は遺憾なく発揮されるだろう。

考えてみると、この双六の名人の言葉には、はなはだ薄気味わるいところがある。一種のすごみさえ感ぜられる。つまり消極的態度の底に深くひそんだ恐るべき執着、ネチネチと相手にからみつき、辛抱づよく徐々に相手を負かして行くような持久力が感ぜられる。勝とうと思っている人間に向かうよりも、負けまいと腰を据えた人間に向かう方が遥かに手ごわいだろう。大抵の人はこの態度には参るだろう。同時に人間としてつき合ったならば、あまりのガッチリ屋でいやな奴かもしれない。しかし勝負とか成功の秘訣は、ここに見事に述べられているわけで、これがおそらく、リアリズムというものの本質かもしれない。

私のように批評の仕事をしていると、いつも人に鋭くみせよう、すぐれたものを書いて人を驚かせようという気持が伴いがちである。とくに「鋭い」と言われると、批評家は例外なく喜ぶものである。鋭いことは確かに結構だが、私の戒めたいのは、鋭くあろうとするときのその下心である。何故なら、そのために言葉をひねってみたり、誇張したりするからである。そういうとき私は双六の名人の言葉を思い出すのである。鋭くあろうとするよりも、まず自分の考えをできるだけ正確に、地味に、あらわすように努めること、傑作を書こうと思わずに駄作を書くまいと心を落着けること、要するに正確と平明さが大切なのである。そして「平凡」に還ることである。

積極性を私は否定しているのではない。本当の積極性は、今述べたような意味で、消極性の中にひそんでいることを言いたいのである。消極性のもつ積極性こそ大切ではなかろうか。それはあらゆる種類の空想やセンチメンタリズムの克服にも役立つであろう。長い期間にわたって物事を考えたり、事業を行なったりするときの、いわば持久戦法といってもよい。

何でもないことに隠れた四つの問題

要するに

私たちは平生（へいぜい）何げなく「要するに」という言葉をしばしば使っている。人間のことや、事件や問題などについて、かいつまんで話すときに使うのだが、考えてみると、これほど重大な言葉はない。

なぜなら、人間やもの事の一番大切な部分、中心点を簡潔にまとめあげ要約するときの用語だからである。もしいいかげんに「要するに」とやったら、対象をはなはだしくゆがめてしまうだろう。人間の場合なら、その人を傷つけることになる。

私はかなり以前、知人の記者の書いた新聞に関する本を読んだことがあるが、新聞記事というものは、すべて「要するに」の一大集成であることをそのとき知らされた。熟練した記者とは、要するに「要するに」の名人だといってよかろう。

ところが私自身も、しばしばこの言葉を使うが、あとで反省してみると、いいかげんにゴマ化している場合がある。様々の問題を、その複雑な面で理解しようとせず、簡単に割りきってしまうとき「要するに」とやってしまう。こうした省略は、人間の精神を低下させる一番大きな原因と言ってよい。

私の場合は、文学関係が多いが、たとえば四百ページもある小説を書評するとき、その筋がきを「要するに」と称して、三十行ぐらいにちぢめてしまったら、大へんな歪曲が起るかもしれないのである。上手に要約できたらいいが、なかなかそうはゆかないものだ。

新聞の場合も同じだろう。様々の裏面をもつ複雑な事件を、そっくりそのまま全部報道するなど、とてもできるものではない。必ず要約だが、一歩まちがったら大へんなことになる。誤解をまきちらすことになるだろう。犯罪などの場合は、その人を傷つけることになる。

新聞週間では、読者の声も多くとりあげられるが、左右に片よらない公平な記事をのぞむ声が最も多かった。しかし神さまでもないかぎり、絶対的公平など不可能だ。私の考えでは「要するに」が上手でさえあれば、それが最上の新聞だと言っていいのではなかろうか。

何か事件や社会問題が起ったとき、新聞社から私のところへ、電話で意見をきいてくることが時々ある。何々氏談といって新聞に出るのがそれだ。実は電話で、多少ともこみいったことなど答えることはできない。急いでいることはわかるが、電話で不完全に答えたことを、さらにまた要約されたらどういうことになるか。

そんならことわればいいではないかと言われるが、私はまた記者諸君の多忙を知っているので、つい答える。性こりもなく要するにねなどと、大声を発することがあるのである。こういう言葉はなるべく使うまいと思っているのだが、要するにまだだめである。

電話魔

私たちが毎日使っている電話とは、一体どういう役割を果すものだろうか。いきなり、こんなことを言いだしたのは悪質のいたずらがあったからである。

正宗白鳥氏が在世の頃丹羽文雄氏のところに某新聞社の名で夜中に電話がかかって、「白鳥氏が亡くなられたので、追悼文を至急書いてほしい」と言ってきた。丹羽氏は驚いて、すぐたしかめてみると、うそであったという事件である。数日して今度は武者小路実篤氏のところに、「志賀直哉氏が亡くなった」と電話があり、つづいて三島由紀夫氏のところには「石原慎太郎氏が亡くなった」という電話がかかったそうである。

むろん全部でたらめである。新聞社の名をかたって、いたずらしたわけだが、人の死を虚構して驚かせる悪質の電話魔というべきである。

電話魔と言えば、時々うそ電話をかけて、人をからかう人がいる。仲間同士の無邪気なからかいならまだゆるせるが、ありもしない「死」によってショックを与えるなどは、とんでもない話だ。犯人は一体どんな気持でこんなことをやるのだろうか。

電話はむろん便利なものだ。事務的なことはすべて電話にかぎる。文学者も最近はほとんど電話を設けるようになったが、しかしすこし以前までは、電話に対する一種の軽蔑感をもつ人が多かった。昔風の文士気質のひとつだが、事務的で便利ということに対する軽い抵抗感と言ってよい。

膝を交えてゆっくり語ったり、手紙で書かなければならないことまで、電話ですませようとすることへの反感もある。以前ある新聞の婦人欄を読んでいたら「恋文を書かない恋びとたち」という記事がのっていた。そこに若い人たちの発言ものっていたが、要するに恋のことなど、近ごろは電話ですませるというのである。スピード時代に、昔風の「ラブレター」など書いていられない。今は「ラブコール」の時代だという説である。

ちょっとした打ちあわせなど、電話で差支えない場合もあろうが、恋人に対して、自分の気持を述べるときは、やはり心をこめた手紙を書くのが本筋ではあるまいか。何べんも書きなおして、できるだけ正確に自己を伝えようとするには、やはり文章が大切だ。

昔の男女は、周知のとおり歌の贈答によって恋を告げた。つづいて手紙となり、それから電話になったわけだが「ラブコール」ですませようという若い人たちは、おそらく恋文を書かないというよりは実際は書けないのではあるまいか。「恋しい」と書くところを、字をまちがって「変しい」と書いたという話があるが、あて字や誤字だらけで、醜態をさらすのをおそれるからではなかろうか。

恋文を書かないということは、むろん文字の問題だけでなく、恋愛能力そのものの低下を意味すると私は思うのだが、これは私の古さであろうか。それとも現代の恋愛は、電話なみになったのだろうか。電話魔でコロリとまいるような女性がふえたのであろうか。

恋愛だけでなく、人間の生死にとっての大事なことは、電話では不適であろう。たとえば何か事件や問題が起ったとき、新聞社からインタビューの電話がかかってくることがある。たいてい原稿で答えることにしているが、急ぎのときなど、電話で答えることがある。しかしそれが正確に伝わったことは一度もない。わずかの一語でもニュアンスがちがってくるからだ。

たしかにスピード時代で、電話がなければまことに不便だが、チリンチリンとベルが鳴るたびに走ってゆくのも妙なものである。電話のために疲れきっている人もあるにちがいない。商売繁昌のしるしとも言えるが、呼び鈴の鳴らない静寂な一日をふとあこがれることがある。まして電話でいたずらされては神経がたまらない。

「頭のわるくなる本」

「読書の秋」という言葉がある。なぜ秋だけが、とくに読書シーズンと言われるのだろうか。秋になると気候もよくなり、頭もすっきりしてきて、まさに燈火親しむべき時節であるなどともっともらしく説明する人もいるが、そういう本人は、一向読書していない様子である。

春、夏、秋、冬、読書が好きなら、一年間を通してやればいいし、秋だけがとくに頭がすっきりしているわけではあるまい。すっきりしていない人は、一年中、すっきりしていないのである。

近ごろは、何々週間というのが、やたらに多すぎる。そういう週間をもうけて、注意をうながすのは結構だが、その週間がすぎると、けろりと忘れてしまうのでは困るだろう。読書週間というのは本屋さんが本を売るための週間であり、また飾っておくだけで読まない全集ものなどを買う週間だという説もある。

ところで「頭のわるくなる本」と題したが、もしこんな題をつけて本を出版したら絶対売れないに決まっている。やはり「頭のよくなる本」といった題をつけた方がベストセラーになるようである。頭がわるい人が飛びついて買うからである。

一体、頭がいいとか、わるいとか、何を標準として決めるのだろうか。われわれは平生何げなくこの言葉を使っているが、考えてみると、あいまいな言葉だ。たとえば、すばらしい記憶力をもっていて、何んでも暗記できる人がいる。また「もの知り博士」とよばれる人もいる。たしかにわるい頭ではできないだろうが、何んでも暗記できるなどというのは、一種の片端ではなかろうか。何んでも知っているというのも、デパートのようなもので、ただ面白がられるだけのことではなかろうか。

私はここで、ひとつの標準を出してみよう。むろん仮説にすぎないが、頭のいいということは、感覚が鋭敏だということであり、頭のわるいというのは、鈍感だということである。ところで、こんなふうに決めて、それで充分かというと、必ずしもそうではない。なぜなら、鋭敏なために、小才がきいたり、ノイローゼのようになる場合がある。

反対に鈍感だと言われながら、もの事をゆっくり考えつめてゆく人もある。頭のよしあしは、人柄とも関係があるし、むろん短時間で決めることはできない。人生の長い経験のあらわれである。入学試験とか入社試験の場合などは、頭のよしあしなどよりは試験技術に熟達しているかどうかだけの問題である。

ところで、世の中には「頭のわるくなる本」しか読まない人がいる。何事でも露骨に、刺戟的に表現されていなければ、面白がらない人がそうである。同時に、すこしでも頭を使うのがいやで、受身一方でしか本を読まない人もそうである。「わかりやすくて、早くて、面白く」というのが現代人のモットーらしい。そういう本にかぎってベストセラーになりがちだ。

たとえば性と殺しは、今日の二大テーマだが、相当どぎつい場面が多い。それに慣らされてゆくうちに、我々の感覚は鋭くならずに、逆に鈍感になってゆくから一層つよい刺戟を求めるわけで、読書の場合など、この種の鈍感さが、頭をわるくする第一の方法と言っていいのではあるまいか。また頭のわるい人にかぎって、早わかりするものである。

良書というものは、読めば読むほどわからなくなる。人生の深さを教えられるからだ。様々の本を読んで、自分はほんとうのことは何ひとつわかっていないのだと、自分の無知を知る人が、本質的に言って頭のいい人ではなかろうか。そういう人は、たいてい沈黙しているものである。

どろぼう考

字というものは、ふしぎなものである。使い方によって感じが様々にちがってくる。「泥棒」と書くと、いかにも泥くさくて、しかもぬけぬけした感じがするし、「どろぼう」とひらがなにすると、ちょっとのんびりして、「どじょう」（昔風にはどぜう）めいた感じになる。「ぬすびと」と書くと風流な味わいが出てくる。むろん感じ方は個人個人でちがうだろうが、言葉づかいは面白いものである。

ところで年ごろの娘が、好きな青年と一緒にかけおちした場合、両親はどう感じるだろうか。その青年を、「娘どろぼう」とみなして、訴える場合もありうる。

江戸時代から、花ぬすびとは罪にならないという言葉がある。この場合は「ぬすびと」でなければならない。「花どろぼう」では感じが出ない。つまり、花をぬすむ心を風流とみなしたからで、その風流心に免じて、罪とはみなされなかったということである。

そうかといって、せっかく丹精してつくった菊の大輪などを、折られてはたまらない。垣根などに咲く小さな花の一輪を失敬する程度なら、風流とみなしていいかもしれない。しかし「ぬすびと」であることはたしかで、むろん奨励すべきことではない。ただ昔はそういう余裕があったということだ。

人さまの娘とかけおちするのは、この花ぬすびとに似ていて、風流な行為である。丹精こめて育てた親としてみれば大へんな心配で、これも奨励すべきことではないが、しかし憎む気にはなれない。相思相愛の若い男女が、親のゆるしをえない結婚をして、仲よく暮している風景は、見ていても可憐で美しいものである。

娘ぬすびとは罪にならないことにしておいては、どうだろうか。

ところで「どろぼう」でなく、「窃盗」「強盗」になると、これは感じが全然悪い。それも新聞の三面に小さく出る事件でなく、国民の税金を不当に使ったり、それで汚職したり、ワイロをとったり、こういうのを「窃盗」とは言わないが、知能犯的窃盗、強盗と言っていいのではないだろうか。「贈賄」などといういかめしい文字を使うと、代議士になったような気分になっていけない。もっとも、大強盗になると、人はもはや強盗とはよばないからふしぎである。

たとえば大軍備をもった国が、何んとか理くつをつけて、弱い国を攻めこんで、占領し支配したりした場合は、誰も強盗と言わないし、本人も「正義と平和のために」などと、うそぶいているのである。歴史は一面において、こうした大強盗の歴史と言ってよい。国際的強盗の経験のない文明国はひとつもないことを、銘記しておくべきである。

人間の心得

「人間の心得」などという大それた課題は、ひきうけるべきではないと、まず心得るべきである。

＊

漠然とした好奇心と、わずかの暗示にすがりついて、人間は空想家になりやすいものだ。空想家の特徴は小心な点にある。為すべき何事もないときは、何事をも為すべきではない。しかるに小心者は必ず何事かを為し、そして後悔しているものである。何事も為さないことが不安でたまらないのだ。ゆえに多忙である。

多忙とは空虚な自己が、何事かを為したと思いこむために必要な錯覚である。朝に生まれ夕べに死ぬかげろうのごとき身とは知らず、あわれなることと心得るべきである。

＊

「生まれる」とはどういうことだろうか。母の胎内からこの世に顔を出すというかぎりでは、動物的現象にすぎない。人間は生まれて、さらに幾たびか生まれ変って、ようやく人間らしく成る。世の中には、自分はまさしく大人であると信じている赤ん坊と、自分はたしかに人間だと思いこんでいる人形がいる。この双方から解放されることが人間の特徴であろう。「人形の家」から家出しなければならないのは、ノラだけではない。

動物園で最も人気のあるのは猿である。猿は、あらゆる動物のなかで、最も人間に似ていて、同時にあらゆる動物のなかで最も滑稽な存在である。人間に対する神の皮肉であろうか、このことに腹を立てたチェンバレンという外人があった。心得るべきことである。

*

われらはほんとうの「閑暇」というものを失ってしまったらしい。ほんとうの閑暇とは、自発的に選択した時間内での、知的苦痛を伴うような遊びの持続である。外面からは全くわからない頭脳労働の時間である。休むことを忘れさせるような休日のことである。

人生そのものが、何かの閑暇にちがいない。「何か」とは何か。実はそれがわからなくなってしまったのだ。中世の人は、それが浄土へ行くまでの時間だとはっきり自覚していたようだ。またそのために現世的欲望と戦いつづけていたわけだが、おそらく彼らは、世間のただ中で「精神の孤島」をつくることにかなり成功したと思う。閑暇はこの孤島での祈りの時間であり、また遊びでもあろう。現代の休日とは多忙の一時的中止にすぎない。われらはほんとうの楽しみを失っているし、心から休んでもいない。

＊

あらゆる職業は、「心得」と称する秘密めいたものをもっている。かくべつの秘密はなくても、秘密があるらしく装う一種の趣味のようなものかもしれない。あるいは各人の玉手箱のようなものかもしれない。

停年退職したり、あるいは職業を長くつづけたあげくに、それをあけてみると、ただひとすじの白い煙が立ちのぼり、自分を白髪の老翁と化してしまうのが「心得」というものである。

＊

結婚とは、罪深い人間として、一生に一度は受けなければならない刑罰のようなものだという説がある。性の満足と子孫生産のためだという人もある。皆がやることだからやるのだと、あっさり考えている人もある。愛し合っているのだから、一生離れられないという奇特な人もある。結婚は、どのようにでも深刻に考えることもできるし、またどのようにでも浅薄に考えることもできる。私の思うに、それは何よりもまず「笑い」をもって始まり「笑い」をもって終るべきものであり、その途中もすべて「笑い」でみたされなければならぬ性質のもののように思われる。

＊

性交の「心得」と称するものを活字にすることが流行しているが、あんな滑稽なことを、公開していいものだろうか。人間への侮辱である。

即席料理の本を傍において、その通り料理してみて、まずかったと言って怒る人は正常だろうか。素材への侮辱である。

勤労の観念が衰弱したのが根本の原因である。性の「心得」とは性の空想的心得への刺戟にすぎず、即席料理とは時間の省略という怠惰に発したものだ。これらはすべて、人間の表現能力の衰弱に比例していると言ってよかろう。

＊

愛とは思いつめる能力であり、思いあぐんで絶望する能力である。思想も然り。男に捨てられて、生きようか死のうかと、思いつめている無学の女は、無学であっても思想家たる根本の条件はそなえている。他人の思いつめた結果だけを集めて、説明し解釈して売り出す思想缶詰業者と、厳密に区別しなければならない。

愛とは思いつめることによって、沈黙に堪える能力である。すべて色情狂とは、思いつめたことを、思いつめた以上に誇大に言いふらす人間のことである。精神の色情狂ほど手に負えないものはない。

＊

人間はどんな時代でも恐怖にとりかこまれている。病気、天災、暴力、戦争、交通事故、盗人、非難等々。その上核兵器まで生産するのだから、よほど恐怖が好きなのかもしれない。もし恐怖が完全になくなったら、人間は驚いて恐怖を発明するかもしれない。生の刺戟剤として必要なのであろうか。

しかし、人間はまたあらゆる恐怖に堪えられず、いかにして恐怖を克服するか、それこそ古来の心得は実に多い。窮極においては、言うまでもなく死の恐怖である。もし死の恐怖が消滅したら、この世の中には大事件というものは存在しなくなるだろう。それは各人の死の利害関係からくる主観的なものであるからだ。

＊

一方で恐怖とその原因をつくり、他方で恐怖を克服するように苦心してきたのが人間の歴史だが、この矛盾は永久につきないだろう。ただある時代、ある時期に、いかなる恐怖が正面に出てくるかが問題なのだ。何を恐怖としてもっぱら自覚するか。

しかし人間は恐怖を自覚したその場で必ずしも死ぬとはかぎらない。核兵器の恐ろしさを説きながら、南京虫に食われたのが原因で死ぬ場合もありうる。

＊

死はいたるところにひそんでいて、人間をねらっている。生とは生きうるかもしれないという空想にすぎない。これを心得た上で、一方では、自分の未来をできるだけ甘く考えるとともに、他方では今晩の十二時に自分の死は必至だというふうに自己煽動しながら、奮励努力すべきである。

＊

人間の生存にとって、死なない程度の病気が必要である。無病息災というが、一病息災という言葉が仏典にある。何かひとつの病気を自覚してそれを大切に育てることが長命の心得である。育てるとは、病気の自覚からきた抵抗力の養成のことである。抵抗力は障害のないところには生じない。

＊

完全な健康とは一種の頽廃現象である。人間は必ず一病を自覚して、ねんごろにそれを可愛がって行かなければならない。ただし、精神病はのぞく。

＊

政治的運動の渦中にあるときは、常に隠者のごとく語るべきであり、また厭世的態度を失わずに参加すべきである。精神の色情狂に対するこれは衛生学である。

＊

賢明な政治家とは、第一に自己の、また自党派内の、矛盾を自覚している人のことだ。彼はその秘書として、反対派の最も優秀な頭脳を代弁しうる男を雇っておくべきであろう。敵を腹中におくとはこのことであり、時にこれは論争の心得でもある。

＊

恋愛、結婚、育児、料理、住宅、受験、その他あらゆることについて、今日ほど、「心得」書の氾濫している時代はあるまい。そこで「心得」の心得といったものが必要であろう。次の言葉は蓮如の言葉である。

「心得たと思ふは、心得ぬなり。心得ぬと思ふは、心得たるなり」

＊本書は、亀井勝一郎著『人間の心得――自覚すること認識すること』（青春出版社、一九六五年十月刊）を底本とし、改題したものです。文中の表記などは、著者物故と発表時の時代状況を鑑み、そのままと致しました。

亀井勝一郎

（かめい・かついちろう）

1907年、函館生まれ。評論家。
東京帝国大学文学部美学科中退。在学中に、〈共産主義青年同盟〉などに加わり、治安維持法違反容疑で検挙投獄、〈プロレタリア作家同盟〉に属したのちに転向。1935年、保田與重郎らと同人誌『日本浪曼派』創刊。文芸評論、青春論・人生論をはじめ、哲学、仏教、信仰、美術、文明批評全般で活躍した。1966年逝去。著書に、『転形期の文学』『島崎藤村論』『大和古寺風物誌』『親鸞』『愛の無常について』『倉田百三』『青春論』『美貌の皇后』『日本人の精神史研究』（菊池寛賞）、『亀井勝一郎全集』（全21巻・補巻3）などがある。

「私」をどう生きるか

二〇二四年 五 月二〇日　初版印刷
二〇二四年 五 月三〇日　初版発行
著　者――亀井勝一郎
発行者――小野寺優
発行所――株式会社河出書房新社
〒一六二-八五四四
東京都新宿区東五軒町二-一三
電話
〇三-三四〇四-一二〇一［営業］
〇三-三四〇四-八六一一［編集］
https://www.kawade.co.jp/
組　版――有限会社マーリンクレイン
印　刷――精文堂印刷株式会社
製　本――小泉製本株式会社

ISBN978-4-309-03186-6
Printed in Japan